教行信証
大河流覧

藤場俊基 著

法藏館

教行信証

大河流覧

目次

本願力回向成就の相（流れ2）　55

凡　例

一、引用文献、および本文の漢字は、常用体のあるものは常用体を使用した。

一、引用文献は、以下のように略記する。

『真宗聖典』（東本願寺出版部）……………………「聖典」

『真宗聖教全書』（大八木興文堂）……………………「真聖全」

教行信証

大河流覧

『教行信証』と共に

親鸞の問いに出あう

『教行信証』と向き合って三十年

私は、今年（二〇一四年）の五月に六十歳になりました。これまで還暦ということを特に意識はしていませんでした。ところが今年の初めごろに、いつも一緒に学習会をしている若い同朋の皆さんから、「何か記念になるような話をしてもらいたい」という依頼がありまして、お引き受けすることにしました。不思議なもので、やると決まると、とたんにそのことを意識するようになりました。それから今日まで十か月ほどになりますが、その間、何を話すかということがずっと頭の片隅にありました。

私が『教行信証』に出あったのは、京都の大谷専修学院に入学した時のことです。それから三十二年、人前で『教行信証』のことをお話するようになってから二十年あまり、そして明石書店から『親鸞の教行信証を読み解く』（全五巻）を出版してから十五、六年になります。この三十数年という年月を振り返ったときに、『教行信証』は私の生活の中に一貫して大きな位置を占めてきました。思いがけずこのような場を設けていただいて、そこで話すことについては『教行信証』のことしか思い浮かびませんでした。

今日、こうして、全国各地からお集まりいただきました皆さまのお顔を拝見しておりますと、つくづく縁というものの不思議さと有り難さを感じます。真宗の教えに出あい、そして皆さまと出あってきた三十年間、『教行信証』について考えてきたこと、そして今考えていることを聞いていただきたいと思います。

大谷専修学院に入学して『真宗聖典』（東本願寺出版部、以下聖典と表記）を手にする以前は、『教行信証』のことはほとんど何も知りませんでした。親鸞の主著だと知って、とにかく読んでみようと思い、本文を通読しましたが、何もわかりませんでした。夏休みの間に、古典的参考書である山辺(やまべ)習学(しゅうがく)・赤沼(あかぬま)智善(ちぜん)の『教行信証講義』三巻（法蔵館）を通読しました。それでも何もわかりませんでした。大谷専修学院では時間がたっぷりとありましたので、曽我(そが)量深(りょうじん)先生や安田(やすだ)理深(りじん)先生をはじめとして、いろいろな方の本を読みました。それらもきちんと理解できていたとはいえませんが、手当たり次第にたくさんの本を読んだことで、真宗教学の用語に多少なじみができました。

一年間大谷専修学院で学んだ後、大谷大学大学院に進学しました。勉強を続けたかったのは、「なぜ南無阿弥陀仏なのか」という問いの答えをはっきりさせたかったからです。そして、それをはっきりさせるには、何をおいても『教行信証』を読まなければならないという予感だけはありました。そこから本格的なお付き合いが始まりました。それからはや三十年以上が経ちました。今回は『教行信証』の内容についての詳細な講義をするのは無理ですが、これから『教行信証』を読んでいこうとする方たちに、聞いていただきたいことがあるとしたら、それはいったい何か。そのことをずっと考えておりました。いわば、今日ここに集まってくださった皆さんに遺言を残すとしたら何が言いたいか。あるいは何が言えるのか。そんなことを思ってここに立っております。

問いに出あう読み方

最初に申し上げたいことは、「問いに出あう読み方」ということです。私は『教行信証』を読みながら、たくさんの問いに出あってきました。

よく講義の後に質疑応答の時間が設けられますが、そういうときに、言葉の意味を教えてほしいとか、講義の内容に関する質問をいただきます。あるいは「どのように『教行信証』の勉強をすればいいのですか」という類の質問もあります。そういう場で質問される方の多くは、自分の問いには何がしかの答えがあるはずであり、尋ねている相手はその答えを知っているに違いないと思っておられます。手っ取り早く結論を知りたいわけです。そのような質問は「…とは何か」とか「…はどういう意味か」（What）、あるいは「…するには、どうすればいいか」（How to）という尋ね方になることが多いようです。しかし私が『教行信証』を通して出あってきた「問い」は、「すでにわかっている答えを教えてくれ」というのとは少し違います。結論が決まっているわけではなく、理由とか依りどころを尋ねる「なぜ」（Why）という「問い」であったり、あるいは「何がそう言わせているのか」（What makes him to say so）という問い方になる問いです。答えというのは、考えた後の結論、すなわち思索の終着点ですが、「なぜ」という問いは、そこから思索が始まる出発点なのです。

話は少しそれますが、私は多くの先輩方から、仏法の学びや聴聞においては「問いが大事だ」ということを、耳にタコができるほど聞かされてきました。今、私もその通りだと思っていますので、事あるごとにそのことを申し上げています。

若い人たちの中にも、「問いが大事だ」ということを言う人がたくさんおられます。それを何気なく「そうだその通りです」という思いで聞いておりました。ところが最近、その言葉に少し違和感を感じることがありました。ある学習会の後の懇親会で、一人ずつ講義の感想を聞かせていただく機会がありました。そのときに「今日の講義で、あらためて問いが大事だということを教えられた」ということを、何人もの方がおっしゃるのです。それを聞きながら、ふと「あれ、おかしいな」と思いました。口をそろえて「問いが大事だ」と言われるのですが、ご自分の今の問いは何なのかということがまったく出てこないのです。「問いが大事だ」というのは疑問文ではありません。その言葉自体は問いではないのです。その言葉で問いが語られているのではなく、むしろ「問いが大事である」ということを答えとして握りしめているのではないか。それで、「あなたにとって今大事な問いとは何ですか」と尋ねますと、「問いを見つけるのが私の今の課題です」というような答えが返ってきたりします。まるで笑い話のようです。

「問いが大事だと思う」という言葉が、答えになってしまっている。しかも誰もが気軽に口に出すことができるようになっている。問いとか課題というのは、そんなに簡単に言葉にできないことが多いように思います。なぜなら、問いとか課題というのは、その言葉が自分自身に対する問いかけとして向かってくるものだからです。答えは逆で、外に向かっていく言葉です。答えとは、自分には、それが正しい結論であり、その重要性についてもわかっているつもりだということです。答えが出てしまうと問いが消えて、それ以上問われることがありません。問いはあまり振りかざされることはありませんが、答えを得ると、私たちはすぐに振りかざしたくなります。問いと答えでは、言葉の向きが逆になっているのです。問いというのは、これを自分の問いとしようと決めたり、あるいは探して見つけるものではありません。気がついたときには出あってしまっているものなのです。『教行信証』を読んでいるときに、「なぜここはこういう展開になっているのだろう」というように気になってくる。いわば湧いて出てくるのです。最初はそれが、重要な問題なのかどうかさえわからないこともあります。長い間忘れていて思い出すこともなかった問題が、何かのきっかけで、ふっとよみがえってくることもあります。

私がこれまで出あってきた問いは、他の人に尋ねても解決しないことがほとんどでした。ときには、「なぜそんなことが気になるの」とけげんな顔をされ、まともに聞いてもらえないことさえありました。問いというのは、自分自身が気になったことですから、気になった人が考えるしかないのです。

思索の終着点である答えからは、読み方が深まっていくことを期待できませんが、問いは思索の出発点です。問いが読みを深めてくれるのです。ですから『教行信証』は、正解を探る読み方ではなく、問いが見つかってくるような読み方を心がけてほしい。このことがこれから『教行信証』と向き合っていこうとされる方に、まず申し上げたいことです。

『教行信証』の記述形式への着目

意味の切れ目への着目

『教行信証』を読むに際して、気をつけていただきたいことがもう一つあります。それは「意味の切れ目をきちんと意識して読む」ということです。これは古文であるか漢文であるか現代文であるかということ、あるいは日本語であるか外国語であるかということにも関係なく、文章を読む技術として大切なことです。

私は、『教行信証』に向き合いはじめた比較的早い段階で、『親鸞聖人真蹟集成』（法藏館）を手に入れることができました。ですから手を伸ばせばすぐに取り出せるところに、常に「坂東本（ばんどうぼん）」と呼ばれる親鸞の直筆の『教行信証』の写真がありました。好奇心が旺盛で、時間もたっぷりあった学生時代に、「坂東本」の写真版を常に手元に置いて見ることができたことは本当に幸運でした。写真版で『教行信証』を読む機会が増えて、『教行信証』との向き合い方が大きく変わりました。最初に戸惑ったのは、文章の切れ目がはっきりしないことでした。

『教行信証』の正式な題号は、『顕浄土真実教行証文類』といいます。この「文類」とは、この書の表現手法を表しています。つまり経典や先達の書物から引いてきた文章、引文と呼んでいますが、それを順番に並べることによって何事かを伝えようとする。そういう手法で著されている書物です。引文の他に、親鸞自身の言葉で問題を整理したり確認するために置かれた御自釈と呼ばれる文章もありますが、分量的にはとても少ないものです。ですから引文を主にして成り立っている書物です。引文の配列は、どういうことを確かめようとしているのかを読み取っていくための重要な手がかりの一つです。

通常私たちは、真宗聖典で『教行信証』を読むことが多いのですが、引文の部分は読み下し文になっています。そして読者の読みやすさということに配慮してのことでしょうが、引文ごとに改行段落が施されています。改行を多用する編集方針は、漢文テキストである『定本親鸞聖人全集』（法藏館）や『真宗聖教全書』（大八木興文堂）などでも同様です。その傾向は、江戸時代に出された刊本にも見られます。現代日本語の教育を受けた私たちは、改行段落があるところでは意味の区切りがあると教えられています。ですから現代日本語風に編集された『教行信証』だと、どうしても、改行があるところで意味の切れ目があると思ってしまいます。今日『教行信証』に関する本が出版される際にも、現代日本語的な感覚で、改行が多用された編集になっています。

ところが写真版で「坂東本」を読むと、改行はほとんどありません。一見しただけでは文章の切れ目がはっきりしないので、最初はとても読みにくいと思いました。現代日本語の常識がまったく当てはまらないのです。

「坂東本」にも、行が改められているところがないわけではありません。しかし、頻度が少なく、現代日本語の改行とはかなり意味合いが違いますので、区別するために、私は「坂東本」のそれを便宜的に「行改め」と呼んでいます。明らかに意味の切れ目だと考えられる行改めは、「行巻」に一回、「信巻」に三回、「証巻」に一回で、「真仏土巻」には一回もなく、「化身土巻」には六回あります。その部分を、「坂東本」の写真版で確認しておきます。（【資料1】巻末二六〇頁参照）

「坂東本」で見ると、行改め以外の頁は、ほとんど漢字の羅列という状態で文章が続いているので、どこに意味の切れ目があるのかということが問題になってきます。

実は、「行巻」の行一念釈の前に一文字分の空欄があり、これも行改めであるかもしれません。しかし、行一念釈から他力釈までを、構成上どのように位置づけるかについては、今のところ明確な整理ができていませんので、今回はこの点については立ち入らないでおきたいと思います。

また「化身土巻」にはその他にも行改めがあるのですが、意味の切れ目とは意味合いが異なるので除いています。

　行改めだけを意味の切れ目として読もうとすると、一区切りが長くなりすぎますので、現代日本語の段落に相当するぐらいの、もう少し小さい区切り目がどこにあるかということを、考えざるをえません。従来は、一つひとつの引文を意味の区切りの最小単位と見てきたわけですが、だとすると引文と引文はまったく同等の重さで並べられていることになります。「坂東本」の写真版をながめていましたところ、やがて意味の切れ目の手がかりになりそうなことが二つあるということがわかってきました。一つは引文の冒頭にある「経に言わく」とか「論に曰く」、あるいは「また云わく」というような文言です。これは、その引文の典拠を示しています。現在出版されている『教行信証』のテキストは、漢文であっても読み下し文であっても、ほとんどがこの引文の典拠が変わるところで改行が施されています。もう一つは、「已上」とか「抄要」、あるいは「已上抄出」などの表記です。これは、本文一行分の幅に横書きで二文字並ぶほどの小さな字で書かれています。そしてその表記は必ずしもすべての引文の最後に置かれているわけではありません。同じ大きさの字で「乃至」という表記がありますが、これは原典の文言の一部を省略していることを示す表記です。ですから、これは意味の切れ目と考える必要はありません。

　真宗聖典で読んでいる間は、こうした表記はあまり気にしていませんでしたが、「坂東本」で読むようになってからは、その存在が気になり始め、次第にそれが重要な役割を果たしているのではないかと考えるようになりました。「坂東本」で、文章表現上の意味の切れ目があるとすると、行改めの他にはこの二つ以外には考えられません。問題はその二つは、どのように意味合いが違うのかということです。出典の記述は、一つの区切りではありますが、それを意味の区切りの最小単位と考えると、一つひとつの引文が意味のうえで同じ重さをもって並列していると見ることになります。今日、私たちが目にするテキストの多くは、そういう見方に立って編集されています。ですから私自身も、ずっとそういう意識で読んでいました。しかし、現在私は、『教行信証』の確かめにおいて、意味の切れ目の最小単位は「已上」や「抄要」などの表記であると考えています。引文の冒頭にある典拠を示す記述は、意味の切れ目ではなく、「ここで典拠が変わる」ということを示しているだけなのです。

このように考えるようになってから、気づいたことがあります。それは、これまでの真宗の学問の中に、この「已上」とか「抄要」という表記に対する言及が見当たらないということです。それ以来気にかけながら参考書などを読んできましたが、見たことがありません。私が知る限り、包括的にこれらの表記を指す用語はないのだと思います。それは、これらあまり気に留められていなかったということなのだろうと思います。そこで私は、これらの表記について「締め語」という独自の用語を考えて、『親鸞の教行信証を読み解く』（明石書店）の中で提起しましたけれども、注目してくださる方はあまりおられないようです。出典が変わるたびに施される改行の位置で内容的な転換があるものとして、引文ごとに区切って読む従来の読み方になじんでいる方に、この読み方の重要性を理解してもらうことは難しいかもしれません。

私は、出典が変わったとしても、締め語がなければ主題は転換しておらず、意味のまとまりがある一つの引文群として読む必要があると考えています。ですから、一つの締め語ごとに一つの主題があると見るわけです。いずれにしましても、締め語は、『教行信証』の中で意味の区切りを見るうえで、基本的な目印と考える必要があると思います。読み込むほどに、これは重要な視点だという思いが強くなって、私としては譲ることができない見方の一つになっています。賛否はともかくとして、『教行信証』を読まれる際には、ぜひこのことを念頭に置いていただきたいと思います。

引文の配列への着目

締め語を区切りとして、複数の引文のつながり方やまとまりに注目して読むと、それらの引文が出典の意味とかなり異なった意味合いで引かれているように見受けられることがあります。一つひとつの引文は、出典の中で何か意味のあることを述べているわけですが、『教行信証』の中で、他の引文に関連づけられたひとつのまとまりがある言葉として読むと、まるで違った意味が浮かび上がってくるのです。このように、いくつかの引文をひとつのまとまりとして意味を汲み取り、さらにそれらの展開を流れとして見ていくようになって、私の『教行信証』の読み方は大きく変わりました。

締め語の区切りで引文と引文の関係を見ると、そのつながり方にもいろいろな展開の仕方があることがわかります。総論を受けて各論的に掘り下げていたり、同じ趣旨の反復のようであっても、文言や言い回しの違いに注目して別の角度から確認していたり、あるいは異なった趣旨の引文をいくつか合わせて何か一つのことを確かめているなどです。そのように引文と引文の配列を見ていくことで、親鸞の言わんとするところを汲み取っていくのです。

一口に締め語といっても、たった一行で締め語が置かれる場合もありますが、数ページにわたって出てこないこともあります。また出典が変わるところでは締め語が置かれるのが通例ですが、出典が変わっても締め語が置かれない例もあります。

いろいろな違いがある締め語までの引文群のつながり方をどう見るか、注目すべき具体例を、いくつか紹介したいと思います。

「信巻」の信一念釈の後に、『無量寿経』（以下『大経』と略称）の「第十八願成就文」と『無量寿如来会』（以下『如来会』と略称）の文、それに続いて『大経』の短い文と『如来会』の文と、四つの引文が並んでいます。それを見ますと、

ここをもって『大経』に言わく、諸有衆生、その名号を聞きて、（筆者中略）すなわち往生を得、不退転に住せん、と。

（如来会）また、他方仏国の所有の衆生、無量寿如来の名号を聞きて、よく一念の浄信を発して歓喜せん、と言えり。

（大経）また、その仏の本願の力、名を聞きて往生せんと欲え、と言えり。

（如来会）また、仏の聖徳の名を聞く、と言えり。已上（「信巻」聖典二三九～二四〇頁）

となっています。このように、それぞれの引文の終わりには締め語がなく、最後にだけ「已上」の締め語が置かれています。

『大経』と『如来会』の願文や成就文が続けて引かれることは珍しいことではありませんが、普通は一文ごとに締め語が置かれます。ところが、ここではそうなっていません。しかも、『如来会』の後にも締め語を置かず、四つの引文を続けるのも異例です。ですから、これら四つの引文全体で本願成就文の主旨を見なさい、ということでしょう。ここで

の眼目は、「信の一念とは名を聞くことにある」という点に一貫性があることです。

これと同じような引文の仕方をされているところが、「真仏弟子釈」の後にもあります。

（大経）また、法を聞きてよく忘れず、見て敬い得て大きに慶ばば、すなわち我が善き親友なり、と言えりと。

また言わく、それ至心ありて安楽国に生まれんと願ずれば、智慧明らかに達し、功徳殊勝を得べし、と。

（如来会）また、広大勝解者、と言えりと。

また、かくのごとき等の類、大威徳の者、よく広大異門に生まる、と言えりと。

（観経）また言わく、もし念仏する者は、当に知るべし。この人はこれ人中の分陀利華なり、と。已上　（「信巻」聖典二四五～二四六頁）

『大経』と『如来会』と『観無量寿経』（以下『観経』と略称）の引文群です。この中に「者」に「ヒト」とルビが付されていますが、これは「坂東本」にそのような読み方が指示されています。人に注目して、真の仏弟子としての念仏者にそなわる徳において一貫性を見ることができます。

次に、「証巻」の初めの第十一願成就文のところを見てみますと、

願成就の文、『経』に言わく、それ衆生ありて、かの国に生まるれば、（筆者中略）

かの仏国の中にはもろもろの邪聚および不定聚なければなり、と。
また言わく、かの仏国土は、清浄安穏にして微妙快楽なり。（筆者中略）みな自然虚無の身、無極の体を受けたるなり、と。
（如来会）また言わく、かの国の衆生、もしは当に生まれん者、みなことごとく無上菩提を究竟し、涅槃の処に到らしめん。何をもってのゆえに。もし邪定聚および不定聚は、かの因を建立せることを了知することあたわざるがゆえなり、と。已上、要を抄ず。　（「証巻」聖典二八一頁）

となっています。最初に『大経』の第十一願成就文が引かれ、続いて、同じく『大経』の人荘厳の文が引かれます。続いて、締め語が置かれないまま『如来会』の第十一願成就文が引かれて、その末尾に「已上、要を抄ず」という締め語が置かれています。

『大経』と同等の内容を『如来会』から引く場合は、間に他の引文を入れずに続けて引くのが通例ですが、ここでは、願文とは直接関係がない『大経』の引文が割って入る形になっています。しかも内容と出典が異なる三つの引文の間に締め語がないという引き方も異例です。ここもまた、三つの引文を一つのまとまりのある引文群として読み込むことが求められます。ところが、真ん中の人荘厳の文には、前後の第十一願成就文との類似性が見られません。今は一つひとつの事例をどのように読むかということには立ち入りませんが、他にもいろいろとあります。

一つの締め語で一つの主題ということを意識しながら見ていくと、一見関連性がなさそうでも、共通する用語があったり、一貫するテーマがあったり、まとめて一つのことをいおうとしていたり、何らかの形でそれらの引文の関連性が見えてきます。それがわからなければ、自分が何かを見落としているのだろうと思って結論を保留する。そのようにして引文を読んでいくと、これまでいわれてきたこととは違った視点や領解が浮かび上がってくることがあります。試行錯誤を重ねた結果、このようなことに思い至りました。

今申し上げたことは、いわば親鸞の『教行信証』の表現手法としての形式的な側面もありますが、非常に大切なことなので、『教行信証』を読む際には、このことを意識する必要があると思います。

『教行信証』を縦に貫いて展開する課題

引文のつながりを流れとして見る

引文のつながりの流れを意識して読むようになって、もう一つ重要なことに気がつきました。それは、『教行信証』の構成には、問題提起とその結びがあるということです。それも大小さまざまの提起と結びが複雑に入り組んで展開しているのです。

『教行信証』の六巻、すなわち教・行・信・証・真仏土・化身土という配列と展開には、当然そうあるべき必然性があります。ですからこれまでは『教行信証』の大きな展開を見る際には、全体を一本の大きな柱と考え、それを各巻ごとに輪切りにしたイメージでとらえ、その中をさらに細かく分けて、それぞれに小見出しのような名目(みょうもく)をつけて、いわゆる科文(かもん)という形で構成を把握し整理してきたわけです。それは重要な視点です。しかし、このような仕方で構成を把握すると、どうしても「行巻(ぎょうのまき)」の問題は「行巻」で完結し、「信巻(しんのまき)」の問題は「信巻」で完結していると考えてしまいがちです。いわばそれぞれの巻は、そこで完結したブロックであり、すべての引文や記述は配列の順番通り一つの筋道として展開していると考えてしまうのです。

ところが、引文のつながりに注目して『教行信証』と向き合っているうちに、輪切りにされた柱のような六巻の順序で並んだ展開とは別に、『教行信証』の構成の中にいくつかの流れがあるのではないかと思うようになりました。各所で問題提起された課題の筋道を追っていくと、流れが分岐して巻をまたいでいるように見えるのです。輪切りにされたどこか一部分だけを取り出して解釈しても、そこだけでは意味がはっきりしてこない。問題提起から結びに至る展開の中で、個々の引文の意味や役割を見ていくことで、問題意識や課題がはっきりしてくるのです。この構成の把握の仕方における巻というのは、課題がその中で完結する独立したブロックではなく、記述される問題の範疇を意味します。ですから行の範疇の記述は「行巻」に、信の範疇の記述は「信巻」に置かれてはいますが、そこに提起されている問題意識は一つだけではありません。その問題意識のつながりに注目すると、問題提起と締め括りは一つの巻にとどまらず、巻という枠を越えて問題がつながっていることが見えてきます。それを横割りではなく縦割りの流れと見るわけです。

たとえば川の上流から下流までの水をバケツで汲んできて、中の水をそれぞれに分析して、その結果を積み重ねていったとしても、川の流れというものを知ることはできません。バケツの中の水を調べることが無駄だとは言いませんが、そのやり方でわかるのは水の性質であって、流れの様子ではありません。ある一部を切り取ったにすぎないバケツを百個並べても千個並べても、川の流れというものは明らかにならないのです。

ＭＲＩで人体を輪切りにした断面写真を見れば、特定の部位の状況を把握することは可能です。そのことにはとても重要な意味があります。ところがそれだけでは、人間としての全体像を把握することはできません。胸のあたりを輪切りにした写真では、腕と心臓と肺と肋骨が一つの平面上に並んで写ります。その写真を眺めても腕と心臓、あるいは心臓と肺の関係はわかりにくい。人体の全体構造を知ったうえで、その一枚の写真がもたらす情報が生きてくるのではないかと思います。輪切りにして見ることで、はっきりしてくることもありますが、特定の部位を詳細に見るだけではわからないこともあるでしょう。また循環器系、呼吸器系、神経系などは、輪切りにした写真では、ほとんどわからないでしょう。そこには系統的に把握する視点が必要になります。

さまざまな経典や聖教の文言を切り取って配列するという表現方法がとられている『教行信証』を読む際にも、これと似たことが起こります。『教行信証』では引文と引文の配列には、その順番で置かれるべき必然性があります。そしてそれは『教行信証』の全体構造を流れとして把握したうえで見ることで、それぞれの引文の役割や意味がはっきりしてくるのです。

それから、締め語の区切りで意味のまとまりを見るというのは、何枚かの輪切り写真をつなげて見ることで、心臓なら心臓が一つの臓器として見えてくるようなイメージです。締め語があることで、複数の輪切り写真をまとめたときに、どこからどこまでが一つのまとまりなのかを判断することができるのです。いくつもの輪切り写真を連続写真にしたり、あるいは動画のようにつなげてみるような見方をしていくのです。

そして問題提起と締め括りという視点に注目するのは、人体の骨格構造を把握したり、呼吸器系や循環器系を系統的に把握することにたとえられます。そしてそれらがどのように関係し、どこで分岐したり転換したりしているか、そういう見方をしていくことを川の流れというイメージで考えています。『親鸞の教行信証を読み解く』の講義をしたときには、すでに、課題や意味のつながりに注目していたので『教行信証』に「縦割り」の流れがあることは意識していました。それ以来ずっと念頭にはあったのですが、十分に整理された形にはなっていませんでした。それがはっきりしてきたのは、つい最近のことです。

そのきっかけになったのは、三か所で並行して『教行信証』の講義をする機会をいただいたことです。当初は、皆さんが、最初から最後まで通して講義してほしいというご要望でした。しかし、いずれも年に三、四回のペースですから、少し丁寧に講義しますと、どうしても二十年から三十年ぐらいはかかることを覚悟しなければなりません。今年還暦ですから、全部終わるのは八十歳から九十歳になります。それまで寿命があるかわかりませんし、仮に生きていたとしても、体力と知力が十分に維持できるか、おぼつかないものがあります。しかも同じ時期に三か所で同じような講義をしていくというのもどうかなとも思いました。そこで、三つの会場でそれぞれ『教行信証』の別のところを並行して講義することができればと考えました。そしてそれぞれ講義録を作成して、お互いに交換し合っていただくことで、他の講義の内容を知ることができるようにしたらどうかと提案をいたしました。大変なご負担をおかけすることになるにもかかわらず、皆さん賛同してくださいました。

この提案をご相談する時点で、すでに横割りで講義していくという発想はありませんでした。どう区分けするかはっきりしていないながらも、縦割りに分割して課題ごとに読み込んでいくという構想があったから、三分割して並行して講義してはどうかという提案をしたのです。それで、これまで漠然としか考えていなかった縦の流れについて、どのように三つに分割するかを具体的に考えなければならなくなった次第です。

『教行信証』の全体的な構造を把握するために、どのようなことを考えてきたのかを、簡単に整理しておきたいと思います。

『教行信証』を輪切りにした、いわゆる横割りの構造把握のイメージを図式化すると

【資料2】（巻末二六六頁参照）のようになります。まず各巻ごとに大きく区切り、その中をさらに細かく分けていくわけです。これがさらに細分化されていって、最後は一つひとつの引文にまで分けられていきます。こうした細分化は科文（かもん）と呼ばれ、古来さまざまな分け方があります。それぞれの科段（かだん）の呼称も人によってまちまちですが、全体を一本の柱のように見ている点と、それを作成した人の解釈に基づいている点が共通しています。

この【資料2】を作成するにあたっては、巻を大きく分ける大きな節目としたうえで、さらにその中を行改めに注目して分けてあります。行改めを重視するというのも、私の解釈であるといわれればその通りですが、見た目で判断できる形式的な切れ目であることは否定できません。行改めで区切られたところを一つのまとまりと見て、巻ごとに（行A）（行B）とか（信A）（信B）のように記号を付けて分けてあります。「化身土巻」では、行改めに基づいてさらに細分した所がありますが、そこは（イ）（ロ）と表記しました。

また「教巻（きょうのまき）」は、「坂東本」では大きく欠損しておりまして、行改めの有無を確認することができません。ここは私の判断で、全体の構造に関わる冒頭の「謹んで浄土真宗を案ずるに」から「真実の教行信証あり」までを（教A）とし、それ以降の部分を（教B）と分けておきました。行改めの有無は定かではありませんが、このように分けて見た方が位置づけがはっきりすると思います。多少伝統的な分け方と異なる部分もありますが、一本の柱を輪切りにして把握する意味では従来的な発想のままです。

問題意識が巻をまたいでつながっていることが端的にわかるのは、「教巻」冒頭の、

謹(つつし)んで浄土真宗を案ずるに、二種の回向あり。一つには往相(おうそう)、二つには還相(げんそう)なり。往相(おうそう)の回向(えこう)について、真実の教行信証(きょうぎょうしんしょう)あり。

（聖典一五二頁）

という文言です。前半の「浄土真宗という教えには二種の回向がある。その一つは往相回向であり、もう一つは還相回向である」という、たったこれだけで、浄土真宗とは二種の回向の教えであると、その根幹をおさえています。そして「第一の往相回向に真実の教・行・信・証がある」といいます。この一言で『教行信証』の前半の構成、すなわち「真実教」「真実行」「真実信」「真実証」の四巻の展開が示されています。このおさえに基づいて、往相回向という視点がこの四巻を一貫するのです。それは「証巻」の、

それ真宗の教行信証(きょうぎょうしんしょう)を案ずれば、如来(にょらい)の大悲(だいひ)回向(えこう)の利益(りやく)なり。かるがゆえに、もしは因もしは果、一事として阿弥陀如来(あみだにょらい)の清浄願心(しょうじょうがんしん)の回向成就(えこうじょうじゅ)したまえるところにあらざることあることなし。因浄(じょう)なるがゆえに、果また浄なり。知るべしとなり。

（聖典二八四頁）

まで続きます。そして次に、

二つに還相(げんそう)の回向(えこう)と言うは、すなわちこれ利他教化地(りたきょうけじ)の益(やく)なり。

（聖典二八四頁）

と、第二の還相回向の確かめが始まるのです。「教巻」冒頭の、

> 謹んで浄土真宗を案ずるに、二種の回向あり。一つには往相、二つには還相なり。往相の回向について、真実の教行信証あり。
>
> （聖典一五二頁）

という二行の記述で提起された往相回向という課題は、「教巻」から「行巻」へ、そして「信巻」から「証巻」へと四つの巻をまたぐ確かめを経て、「二つに還相回向というは」の前で締め括られていることがよくわかります。

これは非常に大きな縦割りの構造把握ですが、これを軸にして、その中にいくつかの流れの分岐を見て取ることができます。それを図式化したのが【資料3】（巻末二六七頁参照）です。

三つの大きな流れと本願の確かめ

「教巻」で、真実の教えが『大無量寿経』に説かれていると見定めたうえで、『教行信証』の確かめが展開していきます。この根本的依りどころの見定めは非常に重要です。自らの判断に依拠せずに、根本的依りどころを決定することがなぜ可能なのか、その真実教決定の論理を明確にすることが「教巻」の唯一の課題です。何に依拠するのか、なぜ依拠

するのか、どのように依拠するのか、この確かめがあいまいであると、仏教の理解や経典の解釈も、つまるところはすべて自分の判断や好みに依拠することになります。この問題については、『親鸞の教行信証を読み解く』や『親鸞の仏教と宗教弾圧』（明石書店）をご参照ください。

『教行信証』の確かめが『大経』を根拠として成り立っているということは、その後の五巻すべての冒頭に、四十八願が旗印のように掲げられている標挙（ひょうこ）からも明らかです。すなわち「行巻（ぎょうのまき）」に第十七願、「信巻（しんのまき）」に第十八願、「証巻（しょうのまき）」に第十一願、「真仏土巻（しんぶつどのまき）」に第十二願と第十三願、そして「化身土巻（けしんどのまき）」に第十九願と第二十願です。これらの願がそれぞれ密接に関係していることに着目して、『教行信証』の確かめが構成されています。この書は『大経』を論ずることを通して明らかにしようとする、親鸞の仏教論であるのです。

まずこの【資料3】の図の見方について簡単に説明しておきたいと思います。図の一番上に左から「流れ3」「流れ1」「流れ2」とありますが、この下につながる列が縦割りの流れを意味します。

「総序」や「教巻」、あるいは「正信偈」「信巻」の（信A）「真仏土巻」「後序」などは、複数の流れに関わっているために、特定のどれか一つの流れには属していません。

「流れ1」は、「行巻」の最初から七高僧の確かめが終わって、「他力釈」（聖典一九三頁）の前までとしています。ここでは、第十七願「諸仏称名の願」が確かめの中心に位置づけられています。図の左端に（行A）としてありますが、この（行A）とか（行B）というのが、輪切りにした【資料2】の図の区切り方と同じで、横割りの大きな主題のまとまりを表しています。

（行B）とある「他力釈」の手前で「行巻」は流れが分岐します。ここで「流れ1」は（信A）に繋がります。「他力釈」から「流れ2」が始まり、「正信偈」の前まで続きます。「流れ2」もまた（信A）へと繋がります。

「信巻」では、第十八願の本願成就文が確かめの軸になっています。（信A）にはその成就文の全体が引かれています。（聖典二一二頁）。（行A）の「流れ1」と（行B）の「流れ2」は、（信A）で一旦合流します。その（信A）が再び分岐して、（信B）（信C）（信D）へと展開して三つの流れになります。それらの流れの中で、本願成就文が分割された形で配置され、それによって確認のポイントが示されています。

それぞれの流れの中に、分割された形で配置されている成就文を確認しておきますと、（信A）を経由して、「流れ1」を承ける（信B）には、まず、

本願信心の願成就の文、

> 『経』に言わく、諸有の衆生、その名号を聞きて信心歓喜せんこと、乃至一念せん、と。已上（聖典二二八頁）

とあり、そして次に、

> ここをもって本願の欲生心成就の文
>
> 『経』に言わく、至心回向したまえり。かの国に生まれんと願ずれば、すなわち往生を得、不退転に住せんと。唯五逆と誹謗正法とを除く、と。已上（聖典二三三頁）

とあります。『親鸞の教行信証を読み解く』（明石書店）では、この分け方を「一念・回向区切り」と呼びました。「流れ1」では、第十七願で諸仏称名によって響いてきた称名の声を衆生が聞き届けて、自らも阿弥陀の名を称する者となっていく。それが本願が成就する相とされます。「諸仏の称名」と「衆生の聞名」が呼応するわけです。「流れ1」は、ここで終わりますが、本願成就文が別の形で分割されて「流れ2」「流れ3」へと受け継がれていきます。

（信C）に引かれる本願成就文は、

> ここをもって『大経』に言わく、諸有衆生、その名号を聞きて、信心歓喜せんこと、乃至一念せん。至心回向したまえり。かの国に生まれんと願ずれば、すなわち往生を得、不退転に住せん、と。（聖典二三九頁）

という部分です。（行B）から始まった「流れ2」が、（信A）を経由して（信C）に繋がっています。

（信C）に出てこない本願成就文の一節は、

> 唯除五逆誹謗正法（聖典二七二頁）

です。一切の衆生が浄土に往生して最終的に仏に成ることを願うのが本願であるはずですが、その末尾に、「唯五逆と正法を誹謗する者は除く」という、いわば除外規定のような内容があるのです。これは、「唯除の文」と呼ばれていますが、ここから「流れ3」という新しい展開が始まっていきます。この（信C）と（信D）の本願成就文の区切り方を、先に挙げた書では「不退転・唯除区切り」と呼びました。

（信B）には、「三一問答」と呼ばれる、本願成就をめぐる問いが提起されています。「流れ1」で、如来の本願が成就する道理と仕組みが明らかにされているわけですが、私たち衆生は、そのような道理を示されても、簡単には頷けません。その私たちに生ずる疑問を通した確かめが（信B）の焦点になります。

（行B）の「流れ2」を承ける（信C）は、どんな人のうえにも無条件で本願が成就するという内容ですが、本願が成就すると、人間にどのようなことが起こるか、どのような人間が誕生するかということが主題となっています。この流れは、（信D）を飛ばして

（証Ａ）へと繋がっていきます。

「証巻」の途中から「還相回向」（聖典二八四頁）の確かめが始まりますが、そこを（証Ｂ）としています。（証Ａ）では第十一願が典拠として引かれていますが、（証Ｂ）では第二十二願の名が挙げられるだけで、願文は直接的には引かれていません。この問題は後で検討したいと思います。私は、この（証Ｂ）で流れの方向が大きく変わっていると見ていますので、（証Ａ）までの流れと区別して（証Ｂ）としました。図では、「流れ２」の中を「往相の果相」と「還相の果相」と分けて示しています。

（信Ｄ）は、「不退転・唯除区切り」の後半、すなわち「五逆」と「正法を誹謗」する者は本願から除かれるのか、という内容に焦点が当てられていきます。ここから「流れ３」が始まります。この流れは、「証巻」「真仏土巻」を越えて「化身土巻」へと続いていきます。

そもそもこれらの願に注目するという発想を、親鸞はどこから得たのか。曇鸞からその着想を得たことは疑いの余地がありません。曇鸞なくして『教行信証』なしと言ってもいいほど曇鸞に依拠しています。その点を簡単に見ておきます。

まず「行巻」「信巻」の二巻は、第十七願の「諸仏称名」と第十八願の「聞其名号」の二つの願の成就の呼応が軸になっています。この称名と聞名が呼応する関係を「称名・

聞名の二願」と呼ぶことにします。この二願を軸にする確かめは、【資料2】の（行A）から（信A）（信B）へとつながる展開を一つの流れとして見ることができます。この（行A）（信A）（信B）のつながりを分けて抽出したのが【資料3】の左から二列目の「流れ1・本願力回向の呼応」と名づけた列です。

親鸞に先立って、この二願の関係に注目していた人がいます。それが曇鸞です。曇鸞の『浄土論註』（以下『論註』と略称）の上巻の最後に、八番問答といわれる確かめがあります。親鸞は八番問答のほとんどを「信巻」（信D）（聖典二七二頁）に引いています。その第一問答の中に、第十七願・第十八願の二願の成就文が取り上げられています。第一問答ではかなり重要なことが問題になっているのですが、どういうわけか親鸞はそれを引かずに、第二から第八までの七つの問答しか引いていません。この問題については後でもう一度触れたいと思います。

次に、「信巻」の冒頭には第十八願、「証巻」の冒頭には第十一願が標挙されています。また、標挙には掲示されていませんが、「証巻」には第二十二願が重要な願として登場します。この三つの願の関係についても、親鸞に先立って曇鸞が着目しています。この三願に言及しているのは「三願的証」といわれている文章ですが、親鸞はそれを「行巻」の最後の方の「他力釈」（行B）（聖典一九五頁）といわれているところに引いています。他力釈とは、仏教には縁がなさそうなごく普通の凡夫のうえに、仏道を歩むということが成就するのはなぜか、という疑問に対して、それはその本人に能力や根拠があるのではなく、すべて如来の本願力（他力）を依りどころとして起こる出来事であると答えます。それが他力釈です。先ほどの称名・聞名の二願は、それが衆生に伝わっていく仕組みあるいは道理を明らかにしていますが、ここでは、その成就の根拠が衆生にあるのではなく、如来の願のはたらきにあることを確認します。ですから第十八願・第十一願・第二十二願の三つの願の関係性を、「本願力回向成就の三願」と呼びたいと思います。

三願の展開を見ると、先ほどの称名・聞名の二願の展開で本願の成就が示され、その結果として人間のうえにどういうことが起こるのかということが述べられていきます。そこで（信A）を起点として、（信B）を飛ばし、（信C）へとつながっていきます。そして（信D）を飛ばして、「証巻」の往相回向の確かめ（証A）へと展開します。この流れを「往相の果相」とし、この次に続く還相回向の確かめ（証B）を「還相の果相」とします。この往相と還相の二つの果相の流れを合わせて「流れ2・本願力回向成就の相」とします。

往相回向には教・行・信・証の四法が、『教行信証』の記述の流れに沿った形で展開していますが、還相回向には教・行・信の三法がなく、ただ「利他教化地の益」という証しかありません。これは何を意味するかといいますと、利他教化地の益を生じさせるために、教もなく、特別な信念を確立したり（信）、特別な行動をしたりする（行）必要がないということです。つまり往相回向の教・行・信・証とは別に、還相回向のために何か特別なことを考えたり行動したりする必要がないのです。何かを意識する必要もなければ、何かをする必要もない。それなのに利他教化地の益という結果が生じるというのが、教・行・信なくして証があるという意味です。そういう形で成り立つのが還相回向なのです。

この還相の回向については、

すなわちこれ「必至補処の願」より出でたり。また「一生補処の願」と名づく。また「還相回向の願」と名づくべきなり。（聖典二八四頁）

と、願の名が出されて、第二十二願が依りどころになっていることが示されています。しかし直後に、

『註論』に顕れたり。かるがゆえに願文を出ださず。（聖典二八四頁）

と述べるだけで、直接には願の文言を引きません。願の文言は後に引かれる『論註』の中に、孫引きの形でその内容が登場します。標挙にも掲げず、願の文言も直接引かないのは、何か特別な意向があるように思われます。それにつきましてはのちほど触れたいと思います。

そこから「真仏土巻」につながります。第十二願・第十三願による確かめは、曇鸞の

『讃阿弥陀仏偈』に大きな示唆を受けていることは明らかですが、「真仏土巻」は、今取り上げている三つの流れのどれかひとつに属するのではなく、すべてに関わっています。

もう一つ「信巻」には、（信Ｄ）としている第十八願の「唯除」の文言に焦点が当てられた確かめがあります。私は、ここで提起された問題は、「信巻」だけでは完結せずに、「化身土巻」へと継承されていると見ています。それが【資料3】の左端の列の流れです。これを「流れ3・唯除と仏智疑惑」と呼びたいと思います。

このように「流れ1・本願力回向の呼応」「流れ2・本願力回向成就の相（往相の果相・還相の果相）」「流れ3・唯除と仏智疑惑」という三つの大きな流れに分けて『教行信証』の構造を把握することができるのではないかと考えています。そしていずれの流れにつきましても、曇鸞が注目した本願が、その着想の起点となっているのです。『教行信証』の骨格は、曇鸞の『論註』に依拠して成り立っていると言っても言いすぎではないのです。

このように、『教行信証』の課題の流れを整理できたことで、講義のご依頼があった三か所の学習会で、三つの流れを同時に並行して講義をするという構想ができました。

本願力回向の呼応（流れ1）

真実の教えとの出あい

本願力回向の呼応（称名・聞名の二願）

『教行信証』は、「教巻」に、

大無量寿経　真実の教　浄土真宗　（聖典一五〇頁）

と標挙され、さらに、

それ、真実の教を顕さば、すなわち『大無量寿経』これなり。（聖典一五二頁）

と、その根本的依りどころがおさえられたところから、確かめが始まります。

これは『大無量寿経』（大経）を通して、仏の教え、すなわち真実の教えに出あい得たという宣言であるといえます。比叡山で、『法華経』を中心にして約二十年間学んでも、仏教がどのような教えであるかが明確にならなかった。つまり、法然に出あい、浄土教に出あったことで初めて仏教に出あえたのです。『大経』を通して明らかになった仏教、それがここで「浄土真宗」と表現されていることの意味です。ですから、天親の『浄土論』や曇鸞の『論註』と同じように、この書は親鸞による「無量寿経論」であるのです。その「浄土真宗」とは、一宗派の名前でないことは言うまでもありませんが、仏教の一部とか一領域を意味するものでもありません。「浄土真宗」とは、それを通して仏教そのものが全的に明らかになったことを鮮明にするのが「教巻」の確かめの眼目です。

『大経』は、国王の立場をすてた法蔵比丘の求道の歩みが成就していく物語の形をとって説かれています。法蔵は世自在王仏の説法を聞いて感動し、自らも世自在王仏と同じように仏に成ろうと思い立ちます。

道を求める前の法蔵が国王であったとされていることには二つの重要な意義があります。一つは、「もし釈尊が出家しなかったら」という仮定の未来像を示唆している点です。釈尊は王位を継ぐべきであった王子の立場をすてて出家したと伝えられています。誰もがうらやむような身の上であるはずなのに、それを振りすてたのはなぜか。それは釈尊が、人間には国王になったとしても解決し得ない問題があるということに気がついたからでしょう。生・老・病・死・愛別離苦・怨憎会苦・求不得苦・五蘊盛苦という四苦八苦は、国王であっても、どれ一つとして免除されませんし、解決もできない問題です。このことについては、仏教の中で語り尽くされた感があります。しかしこれが仏教の原点であることは知っていても、それが法蔵の求道の歩みに重なることは、案外見落とされていたのではないかと思います。そこを重ねてみると、法蔵が国王という立場をすてて仏に成る道を歩み始めたことは、釈尊が出家せずに、のちに国王になったとしても、最終的には法蔵と同じ道を選んだのではないか、ということを想起させるのです。『大経』の序分に八相成道として、八つの局面に分けて描かれている菩薩の誕生から成道、そして入涅槃までの過程は、明らかに釈尊の生涯が下敷きになっていることを見ても、あながち的外れではないと思います。

仏教とはそもそもどういう教えなのか、一言でいえば仏に成る教えです。悟るとか真理に目覚めるとか解脱するなど、さまざまな言い方がされますが、それらは同じことを指しているわけで、仏教徒の共通の課題を端的にいえば、成仏することなのです。成仏とか悟りといわれても、ピンとこないかもしれませんが、四苦八苦に代表される人間の根源的苦悩が、根本的に解決されることです。心の奥底にあって、顕在化していない場合もありますが、人間である以上、根底においてその解決を求めている。つまり仏に成ることを求めない人間はいない、それが仏教の人間観です。

成仏を課題とする教えの中に、成仏そのものよりも「浄土に往生する」ことを強く希求する教えである浄土教が生まれてきたのはなぜか。この問いに答えるのが、『教行信証』で論じられている『大経』です。その仏説の主人公である法蔵が願ったことが、人間の根底にある迷いや苦悩を根本的に解決する道を明らかにすることだったのです。法蔵が、国をすて王位をすててまで仏に成ろうとしたのは、世自在王仏の説法を聞いて、人間の根源的な苦悩を根本的に解決する道を明らかにすることが、仏に成るということだと気がついたからです。

　法蔵が元国王であったことのもう一つの意義は、彼の発心(ほっしん)が単に個人的な悟りや救済を求めるためのものではないということです。もし彼が国王としての責任の重さや苦労から逃避するために、その地位をすてたのであれば、その苦悩は個人的な問題であり、他の人間、つまり私たちにはあまり関係のない話になります。そうではなくて、彼が正覚を成就して仏に成ることで、その国の人びとにより大きくて根源的な恵みをもたらすことになる、そういう道を求めて王位をすてたのです。ですから法蔵が仏に成ることは、国の民、ひいては一切の衆生の問題の解決と無関係ではないのです。法蔵が仏に成ることと一切の衆生が仏に成ることとは同じ重さなのです。つまりすべての衆生において仏に成ることが間違いなく果たし遂げられる道筋を確かなものにすることが、法蔵の願いの根幹でなければならないのです。そのような精神を具体化するために、五劫(ごこう)という長く深い思惟(しゆい)を経て、法蔵が思い至った結論が、四十八の願としてこの経に説かれているのです。「流れ1・本願力回向の呼応」を構成する称名・聞名の二願は、この四十八願の中核に位置づけられる重要な柱になります。

人間の根源的問題に目覚め、努力精進してその克服を目指すことは、崇高な精神であるかもしれません。しかし、それが崇高であればあるほど、他の人とその精神を共有することが難しくなります。仏教がどれほどすばらしい精神を明らかにする教えであるとしても、それが限られた人のうえにしかはたらかないならば、それほど大きな意味はありません。法蔵がもっとも苦心したのは、いかにして多くの人と、仏教の恩恵を具体的かつ簡単に共有するか、という点でした。

たとえば自動車メーカーが新しい自動車を世に送り出そうとするときには、最初にどういう自動車を造ろうとするか、そのコンセプトを、はっきりさせなければなりません。速く走る車を造るのか、多くの人を運べる車を造るのか、荷物を運ぶ車を造るのか、そうした確認が新車開発の方向性を決定づけます。法蔵にあっては、すべての人と共に仏に成る道を確立しようという根本の願いが、そのコンセプトにあたります。

コンセプトが決まると、次はそれを具体化するための設計図が必要になります。エンジン・ブレーキ・車体・タイヤ・ハンドルなどから、部品の材質やネジ一本に至るまで、すべてが図面に描かれます。法蔵の本願では、四十八の願としてその具体性が展開されていきます。いわば浄土の設計図です。なかには、さほど重要ではない願があると思われるかもしれませんが、ネジ一本欠けても車が完成しないように、不要な願は一つもないはずです。

自動車の設計図ともなれば、数えきれないほどの枚数が必要となることでしょう。ただ、設計図が何枚あろうとも、必要なのは設計図ではなく、実際に使うことができる自動車です。そのための設計図なのですから。浄土も同じで、誰もが仏に成ることができる国土として構想され願われていますが、衆生がそこに往生し仏に成ることでその願が成就する。そして一人のうえに起こる事実が、すべての人の往生と成仏が確実であることの証しとならなければ、法蔵自身の成仏も完成しない。それが法蔵が建てた本願なのです。四十八願の中には、仏教の大きな理念と構想が込められているのは当然ですが、肝心なのは、それをどうやって人びとに伝えて、共有していくかという点です。そのためにはどうしても一つの仕組として具体化された形が必要になります。単純にして明快、なおかつ老少善悪が問われず、誰もが簡単に受けとれる、具体的な形です。四十八願が一つの形になると何になるか。それは名号です。そのことを『教行信証』では、

この至心(ししん)はすなわちこれ至徳(しとく)の尊号(そんごう)をその体(たい)とせるなり。

（「信巻」聖典二二五頁）

とおさえています。

名号として回向される本願の精神

至心とは真実心のことですが、その体（具体性）は至徳の尊号、すなわち名号であるということです。そのことは『尊号真像銘文』にも、

真実功徳相というは、真実功徳は誓願の尊号なり。相はかたちということばなり。
（聖典五一八頁）

とあります。また『一念多念文意』でも、

真実功徳ともうすは、名号なり。
（聖典五四三頁）

「功徳」ともうすは、名号なり。
（聖典五四四頁）

とあります。真実の心を四十八願という設計図に展開し、それが「名号」という一つの形として結実するのです。

自動車が製品として完成しても、それだけでは終わりません。それを宣伝し、皆さんに買ってもらわなければ意味がありません。本願も同じで、名号があるだけでは何にもなりません。それを多くの人に伝えて受け入れてもらう必要があります。名号を届けようとす

るはたらきかけのことを、親鸞は「回向」といいます。そしてそれを『一念多念文意』では、次のように述べています。

「至心回向」というは、「至心」は、真実ということばなり。真実は阿弥陀如来の御こころなり。「回向」は、本願の名号をもって十方の衆生にあたえたまう御のりなり。
（聖典五三五頁）

「回向とは十方衆生に名号を与えようとすることである」。非常に明快です。この点があいまいであると、浄土真宗の教えの柱である「回向」ということが、とてもわかりにくい観念になってしまいます。

現代の宣伝は、あらゆるメディアを通じてなされますが、テレビも新聞もない時代にあったのは口コミだけです。口コミは今日でも重要な情報媒体です。メディアを通じたどんな宣伝よりも、信頼できる人の「これいいよ」「これが好きだ」のひと言が決め手になることがあるでしょう。この口コミで名号が伝わっていくことを願うのが『大経』の第十七願です。

たとい我、仏を得んに、十方世界の無量の諸仏、ことごとく咨嗟して、我が名を称せずんば、正覚を取らじ。
（聖典一八頁）

この願は「諸仏称名の願」と名づけられ「行巻」の冒頭（聖典一五七頁）に引かれます

が、諸仏にその役割を付託しているのです。

「咨嗟」とは、「咨」も「嗟」も「おお」とか「ああ」という感嘆を表す字ですから、今風にいえばさしずめフェイスブックやツイッターの「いいね」になるでしょう。そうやって南無阿弥陀仏と名を呼ぶ人が無数に現れて、一つひとつの称名が「いいね」という賛同の表現になると同時に、口コミの発信源ともなって、その声が世界中に拡散していくことを願うのが、第十七願なのです。

しかし、自動車会社や法蔵ができるのは、情報を届けるために発信することまでです。最後の選択は相手に委ねるしかありません。真実を求める精神を共有してほしいと私たちに願うのが第十八願です。この願の成就について、『大経』の下巻では次のように説かれています。

> あらゆる衆生、その名号を聞きて、信心歓喜せんこと、乃至一念せん。心を至し回向したまえり。かの国に生まれんと願ずれば、すなわち往生を得て不退転に住す。唯五逆と誹謗正法とを除く。（聖典四四頁）

この文言は「信巻」の初め（聖典二一二頁）に引かれます。つまり、私たちが諸仏の称名によって届けられる名を聞いて自らも同じ名を口に称するとき、その願いが成就するのです。

先ほどの『一念多念文意』の「『至心回向』というは、（筆者中略）『回向（えこう）』は、本願の名号をもって十方の衆生にあたえたまう御（み）のりなり」（聖典五三五頁）という文言は、回向された称名念仏の声が次々と呼応し響き合って、十方世界に拡がっていくことを表しています。本願の精神が、名号として回向されて力（はたらき）となる。この第十七願成就の称名と第十八願成就の聞名の呼応、これが本願力回向の呼応という出来事なのです。

「行・信」の二巻への着想の由来

「信巻」に八番問答の第一問答が引かれないのはなぜか

第十七願と第十八願の成就文の関連に着目するという着想を、親鸞はどこから得たのか。私は『論註』下巻の最後にある八番問答（はちばんもんどう）の第一問答からではないかと思います。

八番問答で何が問題になっているかといいますと、一切の衆生を浄土に往生させようと願い誓う第十八願の中に、「ただ五逆と誹謗正法を除く」という、いわば除外規定のような文言が付されていることをどう考えればよいのかという問題です。これは第十八願の文言を読んだ人なら誰もが抱く疑問です。

八番問答の第一問答では、「衆生とは誰のことか」ということが問題になっています。この「衆生」の語がどこに出てくるかといいますと、『浄土論』の「願生偈」の最後の行に、

> 我論を作り、偈を説きて、願わくは弥陀仏を見たてまつり、普くもろもろの衆生と共に、安楽国に往生せん。（聖典一三八頁）

とある中の「衆生」です。これがどのような者を指しているのかを問うているわけです。

天親が『大経』の説法の意をよくよくいただいた結果として、

> 世尊、我一心に、尽十方無碍光如来に帰命して、安楽国に生まれんと願ず（聖典一三五頁）

と心中を表明する、それが「願生偈」の第一行です。このように、心中を表明するところから始まるのです。そして、無量寿仏の国土と、その国土の衆生である仏や菩薩の荘厳の功徳を、一つひとつ観察し確認していきます。この「観」について親鸞は、『一念多念文意』で、

> 「観」は、願力をこころにうかべみるともうす、またしるということころなり。「遇」は、もうあうという。もうあうともうすは、本願力を信ずるなり。（聖典五四三～五四四頁）

とおさえています。これは、「観」とは「みてよくしる」ことであり、それが成就すると「遇」となるということです。

ここで「もうあう」と言われているのは、私たちの日常感覚では「出あう」ということになります。仏教的な意味での「観」の成就とは、単に対象を外的な事物として客観的に見て知るにとどまることなく、「対象との隔たりがなくなるような関係が成立すること」とされます。それをここでは「遇」というのです。つまり、「仏の本願力を観ずる」ことが成就するとは、「仏の本願力に出あう」ことだというわけです。「出あう」とは、無視できない相互関係が成り立つということです。見ている者が、見えている対象から影響を受けるという関係が生じます。たとえば街中で知り合いを見かけたときに、遠くから見つけただけならば声をかけないかもしれませんが、すれ違うほど近ければ挨拶するでしょう。外的対象としてだけ見るのと、出あうのとは、このような違いがあります。

天親に、仏の本願力の観察が成就し、仏の本願力に出あという事実が成り立ったのです。そこで天親の内面の何かが変わった。そういうことが天親に起こったのです。『浄土論』でいわんとするところの観とは、このような概念なのです。それで本願力に出あい得た事実を、「願生偈」の最後に、

普くもろもろの衆生と共に、安楽国に往生せん。（聖典一三八頁）

と讃嘆して、締め括りとしているのです。

『浄土論』の最初の一行の「我一心」は、「我」一人の問題としてあるわけですが、観が成就して本願力に出あった結果、最後の一行では「普くもろもろの衆生と共に」と、すべての人と本願力の功徳を共有したいと表明することとなった。わずか二十四行の短い偈ですが、最初の一行と最後の一行との間には非常に大きな展開があるわけで、これこそが、浄土の荘厳功徳成就の観察によって起こったことなのです。

この最後の一行は「回向門」と位置づけられます。「回向」とは、本願力の功徳を、一切衆生の上にもたらし共有しようとするはたらきのことですが、先ほど言いましたように、親鸞はこの「回向」を、

「回向」は、本願の名号をもって十方の衆生にあたえたまう御のりなり。

（『一念多念文意』聖典五三五頁）

とおさえたのです。このようにいわれる「衆生とは誰か」を確認しようとするのが、八番問答の第一問答なのです。そしてその確認は、第二問答以降の展開の前提となっています。

「普共諸衆生」の「衆生」とは誰か

『教行信証』では、「信巻」の最後の方に、八番問答の第二から第八までが引かれているのですが、非常に重要な確かめである第一問答だけが引かれていません。『教行信証』を読み始めた当初から、このことは大きな疑問の一つでした。

すべての衆生を仏にするために浄土を建立し、その功徳をすべての衆生と共有しようと願うのが法蔵の四十八願です。どれほどすばらしい精神によって浄土が建立されるとしても、それを衆生と共有できなければ意味はありません。ですから、その国土や仏のことをいかにして衆生に伝え、共有できるか、それこそが法蔵の願心の眼目であり最大の難問でもあります。この難問に応えるためにあるのが第十七願の諸仏称名の願なのです。この願が成就することで、諸仏称名の声が十方世界に響き渡る。そして、その称名の声が衆生に届くことで成就するのが第十八願です。ここに諸仏の称名と衆生の聞名との呼応が成立します。曇鸞は「衆生とは誰のことか」という問いに対して、この第十七願と第十八願の願成就文を引いたうえで、次のように答えています。

これを案じて言く、一切外道凡夫人、皆往生を得ん。（『浄土論註』真聖全一、三〇七頁）

この二願の成就の意味をよくよく受けとめると、一切の外道の凡夫も共に浄土に往生して欲しいと願われる衆生である。きわめて簡潔な註釈ですが、とても重要なことを述べています。すでに仏教に縁がある者だけではなく、まだ仏法の縁に触れる機会がない者、すなわち外道の凡夫人も含めて、「共に往生したい」と願われているのです。これはすでに仏教に出あっているか出あっていないかという既存の関係性に限定されないという、浄土の公開性を表しています。なぜそういえるのか。それは呼びかける声が十方世界に響き渡っていくとき、その声は聞く相手をえり好みすることがないからです。拡散する声は、どんな人の所にも同じように届きます。その声を聞くことからは、誰も排除されない。このように、称名と聞名の呼応によって成り立つ関係を基盤にして、天親と曇鸞は衆生ということを考えているわけです。この観点に立って考えますと、第一問答では本願力回向とその成就という、非常に重要な提起をしていることがわかります。そしてこの第一問答がこれほど重要であるにもかかわらず「信巻」に引かれないのはなぜか、これは『教行信証』を読むうえで、どうしても避けて通れない問いです。親鸞はこの問答を軽視したのでも無視したのではありません。むしろ非常に重視したから引かなかったのではないかと思います。第一問答は、その意義に比して、記述があまりにも簡潔すぎます。第一問答から着想を得た親鸞は、その趣旨を大きく展開していったのです。すなわち第十七願の諸仏称名の願を「行巻」に、そして第十八願の至心信楽の願を「信巻」に、それぞれを確かめの柱と位置づけて、浄土建立の願心と一切衆生の呼応を明らかにしようとしたのです。

第一問答の確認は、これだけでは終わっていません。「衆生とは誰か」という問いに対して、曇鸞は『観無量寿経』（観経）の下品下生の経文を取り上げて、もう一つ別の観点からも答えています。

『観経』の下品下生には、五逆・十悪という重い罪を犯した者が、一切の救いの道を断たれて最期を迎えようとする間際に、善き友から称名念仏を勧められ、直ちにそれに応じて十回南無阿弥陀仏と声に出して称えて浄土に往生したとあります。曇鸞はその経文を引いた上で、次のように締め括ります。

この経をもって証するに、明に知ぬ、下品の凡夫ただ正法を誹謗せざれば、仏を信ずる因縁をして、皆、往生を得しむ。

（『浄土論註』真聖全一、三〇八頁）

五逆・十悪という重い罪を犯した者に対しても、浄土は門を閉ざさない。みな共に浄土に往生したいと願われている衆生である、とおさえているのです。

称名・聞名の二願に依って、衆生とは「外道の凡夫を含む」ということで、「どのような因縁に生きる者でも」という幅広さと、五逆・十悪の往生を挙げて「どのような罪を犯した者でも」という罪や苦悩の深さの二つの視点から衆生をおさえる。これが浄土教の人問観なのです。

このように第一問答は、それ以降の議論の前提を明確にする、とても重要な問いです。称名・聞名の二願を挙げる前半部分の問題提起については、今申しましたように、「行巻」（行A）と「信巻」（信A・B）の「流れ１・本願力回向の呼応」の中で深く掘り下げられています。一方の『観経』の下品下生を引いて確認している、五逆・十悪の衆生の問題はどうなっているのか。『観経』の下品下生の文言は、『教行信証』ではどこにも登場しません。しかしこれは、自明の前提として不問に付すことができるほど軽い問題ではありません。悪人・罪人が往生できるとしたら、なぜそれが可能であるのか、その根拠を示さなければならないはずです。にもかかわらず、第一問答を引かないことで、『観経』の下品下生の凡夫の往生は『教行信証』から消えてしまっているように見えるのです。

この疑問について、私が思い至った結論を申し上げますと、親鸞は、この問題を『観経』に依るのではなく、『涅槃経（ねはんぎょう）』の阿闍世（あじゃせ）の問題として取り上げているのだと思います。阿闍世は、父を死に至らしめるという五逆罪（ごぎゃくざい）の一つを犯して王位を奪った人物です。のちに父殺しの罪に責め苛（さいな）まれ、悔いることになります。『涅槃経』には、その阿闍世が、紆余曲折（うよきょくせつ）を経て仏に出あい、ついにその苦悩を乗り越えていく姿が詳細に描かれています。『観経』が描く五逆・十悪の罪人の往生は、特定の人を挙げているわけではないので、一般論の域を出ません。ところが『涅槃経』に描かれる阿闍世の姿は、抽象的な存在ではなく、自分が犯した罪を悔い苦悩する具体的存在です。親鸞は、この阿闍世が一人の人間として救われていく中に、五逆の救いということの具体性を見ているのです。「信巻」の後半、八番問答の前までは、まさにこの問題が確かめの中心になっています。そしてそこまでの確認でなお残るのが、「誹謗正法（ひほうしょうぼう）」の者がどうなるかという問題であり、それが第二問答以降への問題提起となっています。このようにおさえてみますと、第一問答が引かれていないのは、その問題が切り捨てられたのではなく、むしろ逆にそこで提起されている、誰でもどんな者でもこの教えの対象であるという人間観に基づいて明らかにされる浄土教の意義を、「行巻」「信巻」の二巻で大きく展開して、深く掘り下げて丁寧に確認するためであると見ることができるのです。ですから「行巻」と「信巻」は、八番問答の第一問答から生まれたと言っても過言ではないのです。

本願力回向成就の相（流れ2）

往相の果相

「他力本願」への誤解

父を死に至らしめた阿闍世は、五逆罪を犯したという罪の意識に苦悩します。その阿闍世が救いに至る姿が詳しく描かれる『涅槃経』が、「信巻」後半に引かれています。『観経』の一般論ではなく、『涅槃経』によって具体的な人の姿で確かめているのです。この確かめは、

> それ真実信楽を案ずるに、信楽に一念あり。「一念」は、これ信楽開発の時剋の極促を顕し、広大難思の慶心を彰すなり。（「信巻」聖典二三九頁）

という御自釈から始まります。ここは従来から「信一念釈」と呼ばれています。「行巻」の他力釈（行B）（聖典一九五頁）で提起されたのは、人が浄土に生まれるという出来事は、

すべて阿弥陀如来の本願力、すなわち他力によって成就するということでした。特別な能力もなく、特別な努力精進を積んだ者でなくても浄土に往生させる、それが本願のはたらきであるというのです。この確かめの中心となるのが阿闍世です。阿闍世を通して、一人の人間のうえに本願力の回向が成就するということは、どのようなこととして起こるのかが描き出されていきます。その確かめは、

　ここをもって『大経』に言わく、諸有衆生、その名号を聞きて、信心歓喜せんこと、乃至一念せん。至心回向したまえり。かの国に生まれんと願ずれば、すなわち往生を得、不退転に住せん、と。（「信巻」聖典二三九頁）

という本願成就文から始まります。つまり、本願が成就すると、浄土に往生する者が誕生するのです。そして「往生を得、不退転に住」するという出来事が、誰でもどんな人においても確実に成就する。その確かさに対する信頼を「信」というのです。

阿闍世は、自分に生じた心について「無根の信」（聖典二六五頁）と言います。これは自己自身の無根拠性が唯一の根拠となるという、「教巻」において真実の教えを見定めた論理と同じで、自分の中にはその心が起こってくる根拠も必然性もないのに生じたということです。親鸞は、本願力回向の成就が、この出来事の根拠であると言います。法蔵の本願が名号として届けられ、それが衆生に受けとめられて、両者の精神が呼応するのです。本

願はこのような形ではたらくのですが、このはたらきを他力といいます。
しばしば他力本願という語の使い方をめぐる議論がありますが、浄土真宗でいうところの他力とは、他の人の好意に甘えることなどではありません。しかし「他力本願ではだめだ」という言い方が現代の日本語としてある程度定着していることは事実ですから、その用法を今さら消し去ることはできません。ただ私たち真宗門徒は、「他力本願によらなければ浄土往生は不可能である」と教えてもらったのです。

もっとも、私たち真宗門徒の間にも、他力という語に対する誤解や混乱がないわけではありません。たとえば「生かされて生きる」ということを他力であると言う人がいます。たしかに私たちは、自分の能力や努力だけでは生命を維持できません。ツメや髪の毛が伸びるのも私の意思ではありません。つまり私たちは、誰一人として自分の力だけで生きられる者はいません。その意味では、まさに生かされて生きています。そのことを否定はしません。しかしそれを言う場合でも、生かされているという恩恵の面だけを言うのでは不充分で、「死なされて死ぬ」という好ましからざるもう半面の事実も、合わせて言う必要があるのではないかと思います。いずれにしても、生命を維持するはたらきは、浄土真宗でいうところの他力本願とか他力回向ということとは、何の関係もありません。『教行信証』やその他の親鸞の著作には、そのような意味で他力の語が使われる例は見当たりません。親鸞がいう意味での他力とは、法蔵菩薩が衆生を浄土に迎えるために建てた本願のはたらきを指します。つまり「他力本願でなければ往生できない」という文脈でのみ使われるのが、本来の意味です。

「自力無効」への誤解

阿闍世自身の内には、それを可能にする根拠が見当たらないのに、再び立ち上がらせる大きな変化が、阿闍世自身の内に起こりました。それをなさしめるはたらきを他力（本願力回向）というのです。親鸞は、この阿闍世のうえに起こった出来事に本願のはたらきの具体性を見出し、「信巻」の中で確かめていきます。

この展開を、「行巻」の他力釈（行B）から（信A）を経て信一念釈（信C）、そして「証巻」（証A・証B）という「流れ2・本願力回向成就の相」で見ています。さらに「流れ2」を「往相の果相」と「還相の果相」の二つに分けているのですが、往相と還相が転換するのは、

> 二つに還相の回向と言うは、すなわちこれ利他教化地の益なり。
>
> （「証巻」聖典二八四頁）

とある御自釈のところです。

この（行B）から（信C）への「本願力回向成就の相」という展開は、（行B）の他力釈に出てくる『論註』の「三願的証」（聖典一九五頁）という確かめによって流れを見ることができます。三願とは第十八願・第十一願・第二十二願です。この三願を軸にして見ると、他力釈（三願的証）から本願力回向成就（第十八願）、そこから往相回向（第十一願）へ、そして還相回向（第二十二願）へとつながる大きな流れを見て取ることができます。「流れ２・本願力回向成就の相」の確かめは、かなりわかりにくい話です。また「自力」「他力」という語は、耳にすることが多いのですが、どちらも誤解が多い語でもあります。この語に対する誤解は、真宗の話を聞いてこられた方の中にも少なからずあります。

第十七願の諸仏称名によって十方世界に響流する仏の名を、一人の衆生が聞き届けて、自らもその名を称する者となるというのが「本願力回向の呼応」です。一切衆生を浄土に往生させて平等に救おうとする精神が、すべての人に行き渡っていく道理が、本願力回向として示されています。そして本願の力（はたらき）が実際に人間のうえに成就するとどういうことが起こるのか、どのような人間が誕生するのかということが明らかにされているのが、「本願力回向成就の相」（流れ２）です。親鸞は、その具体的な姿を阿闍世のうえに見ているわけです。

阿闍世が、自らの救いについて「無根の信」と言ったことは、単に本人に思い当たることがないだけではなく、その人の能力や資質、あるいは自覚や信念などにもまったく関係がないというのが無根です。阿闍世自身には、内的要因がまったくないのですから、その出来事はどんな人にでも同様に起こり得ます。そのような出来事を起こさせるはたらきを他力というのです。

また真宗門徒の間では、他人に親切にしたり社会的な活動に参加したりすることに対して、しばしば「自力無効だ」とか「聖道の慈悲に過ぎない」というような言葉を投げつけて、善意の行動が、まるで真宗の教えに反するかのように決めつけてしまうことがあります。これは「自力」という語に対する誤解から生じた、勘違いに他なりません。

他力にしても自力にしても、それらが使われるのは、浄土往生の根拠となるかならないかという文脈においてのみです。真宗でいうところの「自力無効」とは、自らの努力や精進などを根拠として浄土に往生することはできないという意味です。浄土真宗の用語としての自力は、ボランティアなど善意の活動とはまったく無関係なのです。

にもかかわらず、災害救援ボランティアなど善意の活動をする真宗のご門徒や僧侶が、批難や揶揄（やゆ）として「自力無効だ」とか「聖道の慈悲だ」と言われたという話が後を絶ちません。いうまでもなく、そういう活動に参加することは、浄土に往生するということに何のたすけにもなりません。同時にそれをやることが往生のさまたげになるわけでもありません。ボランティア活動に参加するかしないかは、往生とは無関係のことなのです。

そもそも、浄土に往生したいと思ってそれらの活動に参加している人がいるのでしょうか。浄土に往生したいがためにそういう活動に参加しているという人に、私は今まで出あったことがありません。それを、わざわざ真宗教義上の問題があるかのように結び付けて、否定的に言うことはまったくお門違いなのです。

ところが、ボランティア的な善意について否定的に語る人は、熱心に聞法された人や、多少教義の勉強をしたお坊さんなどにしばしば見受けられます。しかも、きわめて真面目に、かつもっともらしくおっしゃいます。しかしちょっと考えてみてください。お寺というのは、多くの人の善意のうえに成り立っているのではないですか。報恩講前の仏具のお磨きや大掃除、御斎の準備、境内の掃除や草取り、お米や季節の野菜を持ってきてくださること、これらはすべてご門徒の自発的善意です。こういうボランティア精神を、「自力無効」だとか「聖道の慈悲」だと言ってお断りするのでしょうか。どう考えても、これらを否定するのはおかしいでしょう。こうしたボランティアを受けるときには何も言わないけれど、ご門徒や僧侶が震災復興のボランティアに参加することなどに対しては、「真宗門徒としていかがなものか」と疑問を呈するのは、それこそいかがなものでしょう。是と言おうが非と言おうが、そもそも信仰をもつ者が社会的活動に参加することに、教義上の問題として言及すること自体が、まったく必要のないことなのです。

浄土真宗における「自力無効」とは、どれほど努力精進して真剣に求めても、自らの内に浄土に往生して仏に成るべき内的根拠は一切ないということ以外の意味はありません。いかなる者であっても、人間であるかぎり例外なくそうであるというのが「自力無効」の意味です。これが浄土教の、そして仏教の基本的な人間観なのです。そういう人間が浄土に往生し仏に成るということが起こるとしたら、絶対的に他なるはたらきかけに依らなければならない。往生の根拠は私たちの外から回向される。浄土真宗では、それを他力本願というのです。

なぜ曇鸞は仙経を焼いたのか

「他力」について、『教行信証』の展開の中で確認しておきたいと思います。「他力」という語が『教行信証』の中に最初に出てくるのは、「行巻」の『論註』の引文の中の、

五つには、ただこれ自力にして他力の持つなし。
（聖典一六八頁）

です。次に出てくるのも「行巻」の、

この行信に帰命すれば摂取して捨てたまわず。かるがゆえに阿弥陀仏と名づけたてまつると。これを他力と曰う。

（聖典一九〇頁）

そして、その次も同じく「行巻」に、

他力と言うは、如来の本願力なり。

（聖典一九三頁）

とある、他力釈が始まるところです。ここから三願的証に挙げられた三願に基づいての確かめの流れが展開します。その中に他力という語が何度も登場します。その後「信巻」や「化身土巻」に何度か出てきますが、いずれも、この他力釈の確認が基礎になっています。ですから「他力」という問題は、曇鸞の提起を発端とし、その後の確かめはすべて曇鸞に依拠していることは明白です。

曇鸞が「ただこれ自力にして他力の持つなし」と言っているのは、『論註』冒頭の文章の中においてです。書物や論文を書く際に、最初にしなければならないことは、課題や問題意識を明確にすることです。それは昔の仏教の書物においても同じことですし、『論註』も例外ではありません。

そこで曇鸞はまず、

謹んで龍樹菩薩の『十住毘婆沙』を案ずるに、云わく、菩薩、阿毘跋致を求むるに、二種の道あり。一つには難行道、二つには易行道なり。

（聖典一六七頁）

と起筆します。最初にここを読んだとき、不思議に思ったことがあります。それは、これから天親の『浄土論』を註釈していこうとするのに、なぜ龍樹の『十住毘婆沙論』を案ずるのかということです。このことは長い間、疑問のままでした。今は、ここにこそ曇鸞の問題意識が明確に示されていると思うに至りました。

四論の講説さしおきて　本願他力をときたまい
具縛の凡衆をみちびきて　涅槃のかどにぞいらしめし
（聖典四九一頁）

と「曇鸞和讃」にあることからもわかりますように、浄土の教えに帰する前に曇鸞が学んでいたのは四論宗です。これは龍樹の中観（般若・空）の思想を通して大乗仏教を学ぶ学派です。それが曇鸞の仏教理解の基礎となっていたわけですから、仏教における課題もその学びの中から醸成されたのは、ある意味で当然のことです。そのうえで龍樹の『十住毘婆沙論』をよくよく思案してみると、最も重要な問題は「阿毘跋致を求めることにある」というのです。私は、この言葉から重要な「問い」をいただきました。そしてその問題を明確にすることが『論註』の課題なのではないかと思い至ったのです。

曇鸞の問題意識とは何かを考えるには、曇鸞自身の仏道の歩みを振り返ってみる必要があります。

親鸞が曇鸞を語る際に、しばしば曇鸞が浄土の教えに帰した出来事に触れます。「正信

偈」には、

三蔵流支授浄教　焚焼仙経帰楽邦

（三蔵流支、浄教を授けしかば、仙経を焚焼して楽邦に帰したまいき。）

（聖典二〇六頁）

とうたわれています。菩提流支三蔵が浄土の教えを授けたところ、曇鸞は持っていた仙経をすべて焼き払ってしまったという、有名な逸話です。

この仙経とは、曇鸞が一年かかって学んできた中国伝統の健康法の奥義を記した書物です。中国伝来の医療・薬学・健康法の第一人者である梁の国の陶弘景という人物のもとで、曇鸞はその仙術を学び、奥義を記した書物（仙経）を授けられます。これは今日にまで伝わる漢方薬や中国式医療などの技術や知識の源流に位置づけられるものです。

大乗仏教の大成者である龍樹の学問を積んだ高僧として尊敬されていた曇鸞は、晩年に『大集経』という大部な経典の研鑽に打ち込もうと志します。しかし、健康に不安をかかえていたためか、そうした健康法を学ぼうと思い立ったのです。曇鸞五十一歳のことです。

仙経を習得して国に帰る途中、洛陽の都で、経典翻訳事業のために招聘された菩提流支のところに立ち寄ります。そのとき曇鸞は、おそらく一年かけて学んだ中国伝来の健康法について自慢気に話したのであろうと思います。その曇鸞に対して、菩提流支は地に唾を吐いて「その方法によれば数年ぐらいは長生きできるかもしれない。しかしそれは迷いの生を数年よけいに積み重ねるだけだ」と言います。つまり「迷った人間が数年間長生きすることにどれほどの意味があるのか」と一喝されたのです。それを聞いて、曇鸞は自分が陥っていた深い迷いに気づき、持っていた仙術の書をことごとく焼き捨てたと、こういう趣旨のことが『続高僧伝』（大正蔵五十、四七〇頁）に記されています。

人生を賭して龍樹の仏教を学んできたという曇鸞の自負が、たったひと言で打ち砕かれたのです。知識や研鑽の積み重ねはしたけれども、生きてはたらく仏法にはなっていなかったと、その学びの質を見抜かれたのです。曇鸞には返す言葉もありませんでした。しかし自身の不明を言い当てられたことで、自分が学ぶべきことがどういうことであったのかが初めてはっきりした。『論註』の冒頭にある阿毘跋致（あびばっち）への言及は、この出来事によって明らかになった問題意識に由来するのです。

「難行道」の「難」の正体

「阿毘跋致」は、龍樹の思想の中でも最も重要な概念の一つです。これは意訳すると「不退転」になり、仏に成らんとする菩薩の歩みが退転しない境地に達することを意味します。『十住毘婆沙論』の「十住」とは、そうした菩薩の歩みの段階を指します。龍樹の思想に学ぶことが専門であった曇鸞にとっても、重要な課題であったことは、想像に難くありません。しかしどれほど真剣に努力しても、一向に阿毘跋致に達することができない。「阿毘跋致を得ることは難しい、もっともっと努力精進しなければならない」という未達成感が、曇鸞の心中に大きなわだかまりとしてずっとあったのではないかと思います。老齢期にさしかかってから仙経を学ぼうとしたのも、そのような焦燥感があったからかもしれません。『論註』の冒頭には、そのことが次のように述べられています。

難行道は、いわく五濁の世、無仏の時において、阿毘跋致を求むるを難とす。

（「行巻」聖典一六七頁）

この「阿毘跋致を求むるを難とす」という文言を、「阿毘跋致を得ることは難しい」という意味に理解している人は多いと思います。私もずっとそう理解していました。そして、真宗聖典の読み下し文で読んでいる間は、この解釈に疑問を抱くことはありませんでした。実はこの読み下しになっている文章が、大きな落とし穴になっているのです。この文章は漢文では次のようになっています。

求阿毘跋致為難（阿毘跋致を求むるを難とす）

（『浄土論註』真聖全一、二七九頁）

この文章を、「阿毘跋致を得ようと努力しても、そこに到達するのは難しい」という意

味に解釈していたのです。しかし、もし「得ることが難しい」という意味になる文を漢文で書くとしたら、

難得阿毘跋致（阿毘跋致、得難し）

となるはずです。私の理解は、知らずしらずのうちにこの文のようになっていました。しかも、単に語順が違うだけではなく、「求」とあった字を、私は頭の中で「得」に変換して解釈していたのです。こうして並べて見ても、この二つの文章の違いはわかりにくいかもしれません。私たちの思い込みが、意味の違いに気づくことを邪魔しているのです。

私たちの眼球の網膜には、実際には何も映っていない盲点と呼ばれている部分がありま す。本来ならその盲点は、私たちの視野の中に黒い点に「見える」はずなのですが、おそらくどなたもその黒い点が「見えて」いる人はいないと思います。どうしてそうなるかというと、人間の脳には見えていない部分を補ってしまう能力があるからです。それは、実際には網膜に映っていないのに、まわりの見えている部分と違和感がないように補って認識するという、大変便利な機能です。文章を読むときにも、それと似たようなことが起こっています。実際にはそのように書かれていないにもかかわらず、自分の価値観と違和感がないように、頭の中で勝手に補って解釈してしまうのです。

「難しい」と聞くと、誰でも最終的な結果に到達するのが難しいのだと思い、大変な努

力をしなければならないと考えてしまう。そして目標に到達できないときには、自分に実力がないからだとか、まだ努力が足りないのだと思うのです。おそらく曇鸞も、同じ思い込みにとらわれていたと思います。ですから『十住毘婆沙論』に「阿毘跋致を求むるを難とす」と書かれている文を見て「阿毘跋致得難し」と思い込んでしまったのです。その思い込みの中で自分の未熟さを反省して、一層努力精進しなければならないと考え、そのための時間を少しでも長くしたいと思って、仙経を学ぼうとしたのでしょう。

『論註』にある「求阿毘跋致為難（阿毘跋致を求むるを難とす）」という文章は、

大悲為母（だいひいも）（大悲を母とす）　（「行巻」聖典一六一頁）

という文章と同じ構文で、「母の本質は大悲である」というように、「為」の上にある語が「為」の下にある語の性質を規定する構文です。言い換えれば「母が母たるゆえんは大悲に由来する」ということになります。この構文に基づいて「求阿毘跋致為難」を読むと、「大悲」に相当するのが「求阿毘跋致」になりますから、「難の本質とは阿毘跋致を求めることにある」あるいは「難の難たるゆえんはそれを求めることに由来する」となります。つまり「阿毘跋致の難という性質は、それを求めることから生ずる」という意味なのです。

この文章は「阿毘跋致に達することが難しい」ということを述べているのではなく、「難とは何か」「なぜ難という事態が生ずるのか」ということの理由が、求めることそのものにあると言い当てているのです。それを私たちの多くが、頭の中で勝手に「得ること難し」と変換して解釈しているのです。ところが、難しい状況に陥るのは、手に入れようとして求めるからであるというのです。必死に求めれば求めるほど、それが手に入らないことに苦しむという、求不得苦（求めて得られない苦）に陥る。求める努力が難を生じさせる、それが難の正体であると言い当てられたのです。

　逃げ水を追い求めても得られないのに、水の陽炎を見たら追い求めずにはいられない。曇鸞が必死で求めたのは、阿毘跋致の陽炎に過ぎなかった。そしてそれが手に入らないのは、努力精進が足りないからだと自分に言い聞かせて、ますます修行に打ち込んだ。必死になればなるほど自分で自分を追い詰めていく。菩提流支の指摘によって、実はそれが難の正体だと気がついたのです。阿毘跋致を、求めたら得られる境地だと考えていたことが、そもそも迷いであったと気がついた。気がついてみれば当たり前のことなのですが、ところがそのことに気づけない。真面目であればあるほど自分では気づきにくいのです。

　曇鸞は菩提流支に指摘されたことで、そのことはすでに龍樹によって難行道と易行道として言い当てられていたことに気がついた。だから『論註』の冒頭に、「謹んで龍樹菩薩の『十住毘婆沙』を案ずるに」と、この視点が由来するところを明らかにしたのです。ここからふり返ってみると、「行巻」の龍樹の引文群はこの視点に焦点が絞られた選択と配列になっていることがわかります。自分の努力が足りなかったから、阿毘跋致に達することができなかったのではない。真剣にやればやるほど目標が遠のいていくというジレンマを生み出してしまっていたのです。しかし努力する人は、努力している自分を肯定せずにはいられません。頑張れば頑張るほど没入し、その行為自体の無意味性に気づけなくなっていきます。そのことに気づくことが、本当に難しいのです。曇鸞自身が陥っていたこの阿毘跋致のジレンマが、『論註』の問題意識の発端になっています。私は以前、法然が龍樹を浄土教の祖師とは位置づけていないのに、親鸞は七高僧の第一祖と位置づけていることを不思議に思っていましたが、曇鸞の問題意識の所在がはっきりしたことで、その疑問は氷解しました。

難行道と聞くと、誰もがすぐに、修行の厳しさ困難さだと考えてしまいます。しかし難しいのは、修行をやりきることではなく、「努力をしたら得られる」という思い込みを打破することなのです。決め込んでしまっている迷いに、自分自身では気づくことはほとんど不可能です。どうしても外から来るはたらきが必要になります。その無明を破るはたらきをする存在が諸仏なのです。

『論註』では、難のあり方を五つ挙げています（聖典一六七～一六八頁）。一つには、外道が説くわかりやすい善は、仏道の歩みを混乱させる。二つには、まじめに悟りを求めるあり方は、結果として自利に陥り、すべての人と共に救われんとする大慈悲のはたらきをさまたげる。三つには、周囲を顧みない悪人は、他の人の勝れた徳をそこなう。四つには、世間的な幸せの追求を善であると取り違えることによって、純粋さをそこなってしまう。そして五つには、これらはみな、自分の価値観を基準にしている自力であって、他力によって保持されることがない。目に触れるものは、すべてこうなっている、と締め括ります。

ここでいう他力は、「他力本願ではだめだ」と言われる場合のような意味でないことは明らかです。曇鸞は阿毘跋致という宗教的課題においては、人間の判断や努力精進が無意味であることに気づき、世俗意識における善悪観と仏法のそれとの断絶を言い表す言葉として、「他力」という語を見出したのです。浄土教的にいえば、阿弥陀如来の本願以外に往生浄土を成就する根拠はないということになります。

そのことを曇鸞は、

「易行道」は、いわく、ただ信仏の因縁をもって浄土に生まれんと願ず。仏願力に乗じて、すなわちかの清浄の土に往生を得しむ。仏力住持して、すなわち大乗正定の聚に入る。正定はすなわちこれ阿毘跋致なり。

(「行巻」聖典一六八頁)

と述べているのです。

ここで、曇鸞において、阿毘跋致と正定聚に入るという二つの概念が結びついています。

この正定聚という語はどこに出てくるかといいますと、『大経』の第十一願です。

> 国の中の人天、定聚に住し必ず滅度に至らずんば、正覚を取らじ。（聖典一七頁）

とあります。ここに「定聚」とあるのが「正定聚」のことです。そしてこの願の成就文は、

> それ衆生ありてかの国に生ずれば、みなことごとく正定の聚に住す。（聖典四四頁）

となります。往生が定まる人びとの集まりの中に入る。そのことが願われるのが第十一願です。

「聚」とは「人の集まり」ということですから、浄土に往生することが定まる人びとの集まりの中に入る。仏の力が根拠となって「正定の聚に入る」ということに、曇鸞は、求めてやまなかった阿毘跋致の姿を見出したのです。阿毘跋致を遠くに求めている間は、このことに気づけなかった。得られなければますます真剣に追い求めて、焦燥感が増幅する。求めるがゆえに苦しんだ。まさに四苦八苦の一つ「求不得苦（求めて得られない苦）」です。

曇鸞が必死に求めて得られなかった阿毘跋致は、浄土の教えの中では、仏の本願を信じその名を称する者において「正定聚に入る」（第十一願成就）、あるいは「不退転に住す」（第十八願成就）という形で成就する。はるかかなたの目標だと遠望していた阿毘跋致は、実は浄土に往生する道の出発点であった。ゴールすることを夢見ていた自分は、まだ出発

点にも立っていなかったのだと。ここで仏教の枠組みが、自力から他力へと大きく転換しているのです。実は、その出発点に立つことの重要性を教えようとしていたのが、他ならぬ龍樹の『十住毘婆沙論』だったのです。曇鸞は、菩提流支との出あいを通して、ようやくそのことに気づくことができました。その後六十七歳で浄土往生を遂げるまでの約十五年の間、この迷いからの目覚めの問題を明らかにするために、『浄土論註』の執筆に専念したのでしょう。その『論註』の中で曇鸞が注目していた諸仏称名・至心信楽の二願と三願的証の三願が、『教行信証』の「行巻」「信巻」「証巻」の三巻の確かめの骨格になっているのです。また「真仏土巻」の確かめ、あるいは「信巻」から「化身土巻」への課題の展開においても、『論註』の提起が大きな影響を与えています。

本願力回向成就と他力

「不回向」から「本願力回向」へ

『論註』によって他力という視点が提起されて、「行巻」ではその後、七高僧と善導(ぜんどう)の影

響を受けた中国の諸師の引文が続きます。その一連の確かめは法然の引文、

『選択本願念仏集』源空集　に云わく、南無阿弥陀仏　往生の業は念仏を本とす、と。

また云わく、それ速やかに生死を離れんと欲わば、（筆者中略）仏の本願に依るがゆえに、と。已上　（聖典一八九頁）

で締め括られます。それを受けて親鸞は自らの言葉で、

明らかに知りぬ、これ凡聖自力の行にあらず。かるがゆえに不回向の行と名づくるなり。　（聖典一八九頁）

と総括します。「凡夫や聖者の自力の行ではない」と、自力が往生や成仏の根拠ではないと否定します。そして「だから不回向の行と名づけるのである」といいます。これは法然が『選択集』で、

別に回向を用いざれども、自然に往生の業と成る。　（真聖全一、九三七頁）

と述べているのを受けて「不回向の行」といっているわけです。つまり、私たちが努力精進をして、それを往生のために振り向ける必要はない。そういうことをしても意味も効果もないということです。このような法然の回向の理解に対して、『摧邪輪』を著して法然を厳しく批判した明恵は「回向とは、努力精進してその成果を成仏のために振り向けることであり、仏道成立の基本である。その回向が不要であるとは、仏道を根底から否定す

る暴言である」と批判しました。回向が無ければ仏道にならないというわけです。

法然と明恵との間には、仏道の成立に対する視点に決定的な違いがあります。法然は、「回向を用いなくてもよい」とはっきりいうと同時に、「念仏は自然に往生の業と成る」ともいいます。明恵は、「我々から回向しなくても、往生には差しさわりはない」という部分が、まったく理解できなかったのではないかと思います。明恵が『選択集』を読んだのは、法然が往生した後ですから、法然が自分で明恵に詳しく説明する機会はありませんでした。『教行信証』を撰述する親鸞の念頭には、明恵のようにしか受けとめられなかった人たちのことがあったに違いありません。

法然は、我々の側からわざわざ回向しなくてもよいといったうえで、「念仏は自然に往生の業となる」といったのは「あえて意識しなくても往生の業となるから気にしなくてもよい」ということです。明恵は、ここが理解も納得もできないのですが、親鸞は、「回向を用いなくてもよいのは、如来からの回向があるからだ」という意味が込められていることを、きちんと受けとめていました。「不回向の行」ではあるけれども、「無回向の行（回向がない行）」ではない、「如来から回向される行」であると。法然の指摘の趣旨をより明確に、「如来からの回向」あるいは「本願力の回向」として展開したのです。同時に「他力」という概念を提示して、よりはっきりさせました。

「回向」とは、振り向けるということであり、自らがなした行為の結果が他者のうえに恩恵としてもたらされるということです。普通ならば自業自得が原則です。つまり自分が勉強すれば自分の成績が上がるというように、努力の成果は努力した人のところに現れてきます。ところが、自分が勉強したら、クラス皆の成績が上がったというのは、これは自業他得ということになります。通常はあり得ないことですが、自らの努力精進の結果が他者のうえに反映するという回向の視点に立って仏教を考えていこうとするのが、大乗仏教の精神です。つまり努力精進した者だけが仏教の恩恵を享受するというあり方を超える視点に立つことを、自らの課題として実践していこうとする動きが、仏教の中に現れたのです。そういう課題を担う存在が菩薩で、『大経』に登場する法蔵菩薩もその一人です。

法蔵菩薩が、すべての衆生を浄土に迎え入れて共に仏に成るために、思惟（しゆい）し努力精進した結果を私たち衆生のうえに反映させようとするのが、浄土真宗でいうところの回向です。

この回向は、浄土真宗において最も重要な語の一つですが、非常にわかりにくい概念であると思われています。しかし、親鸞の言葉を手がかりにすれば、それほど難しく考える必要はないと思います。親鸞が回向をどのように領解していたかは、先にも触れた『一念（いちねん）多念文意（たねんもんい）』の、

「至心回向（ししんえこう）」というは、「至心（ししん）」は、真実（しんじつ）ということばなり。真実は阿弥陀如来（あみだにょらい）の御（おん）こ

ころなり。「回向（えこう）」は、本願の名号（みょうごう）をもって十方（じっぽう）の衆生（しゅじょう）にあたえたまう御（み）のりなり。

（聖典五三五頁）

という言葉を見れば明白です。如来の真実心は、名号として私たち一人ひとりのところにまで届けられる。それが如来と私たちをつなぐ唯一の架け橋となるのです。このことは『尊号真像銘文（そんごうしんぞうめいもん）』の、

真実功徳（しんじつくどく）は誓願（せいがん）の尊号（そんごう）なり。

（聖典五一八頁）

からもうかがうことができます。回向は、漠然と何かを感じるというようなことではなく、名号を与えようとするはたらきなのです。これが「回向」の具体性です。名号とは、いわば浄土への招待状で、これを受け取りさえすれば、大人のまねをして念仏する幼い子どもであっても、浄土への往生については何も心配することがないのです。この招待状が送られてくることが回向です。信心とは、他力に依るということであり、それは、この招待状が真実と私たちとを結ぶ架け橋になることを信頼することです。ですから「名号をあたえたまうみのり」ということを外さず考えれば、回向はそれほどやっかいな概念ではなくなると思います。

自利・利他の成就としての本願力回向

『論註』の冒頭に登場する「他力」の語を手がかりに、「行巻」における展開を見ているわけですが、次にこの語が見られるのは、

> 十方群生海、この行信に帰命すれば摂取して捨てたまわず。かるがゆえに阿弥陀仏と名づけたてまつると。これを他力と曰う。（「行巻」聖典一九〇頁）

とあるところです。この確認を、

> 他力と言うは、如来の本願力なり。（「行巻」聖典一九三頁）

と受けて、さらに展開していきます。ここからは「他力釈」といわれますが、ここで「行巻」が「流れ１・本願力回向の呼応」から分岐して「流れ２・本願力回向成就の相」が始まっていきます。

「流れ２・本願力回向成就の相」は、「往相の果相」と「還相の果相」の二つの流れを含んでいますが、「還相の果相」の確かめについては、全面的に『論註』の引文に依っています。そしてその最後は、

> 本願力と言うは、大菩薩、法身の中において、常に三昧にましまして、種種の身、種

種の神通、種種の説法を現ずることを示すこと、みな本願力より起これるをもってなり。譬えば阿修羅の琴の鼓する者なしといえども、音曲自然なるがごとし。これを教化地の第五の功徳相と名づくとのたまえり。已上抄出　（「証巻」聖典二九八頁）

という「阿修羅の琴」の譬喩で締め括られています。

この「阿修羅の琴」の譬喩は、「行巻」の他力釈の確かめの冒頭にも、

『論』（論註）に曰わく、「本願力」と言うは、大菩薩、（筆者中略）音曲自然なるがごとし。これを教化地の第五の功徳相と名づく。乃至　（聖典一九三頁）

と出てきます。「証巻」の還相回向のところにある引文は『論註』の下巻の最末尾にある文章ですが、「阿修羅の琴」の譬喩に続く文章は、「行巻」の他力釈に引かれています。親鸞は、『論註』全体の締め括りに当たるところを、「証巻」の還相回向と「行巻」の他力釈の二か所に分けて配置しているわけです。このことから私は、還相回向から他力釈に確かめの流れが還流していると考えるようになりました。つまり「流れ2・本願力回向成就の相」というのは、他力釈（行B）→本願力回向成就（信A・信C）→往相回向（証A）→還相回向（証B）→他力釈（行B）という形で循環する形になっているのです。

この循環の流れを本願の文に当てはめてみますと、第十七願→第十八願→第十一願→第二十二願→第十七願となります。第十七願と第十八願の関係については、呼応ということ

で最初の流れを形成しているわけですが、ここに、第十七願・第十八願に加えて、第十一願と第二十二願を関連のある願として見ていることがわかります。これらの願への注目は、親鸞の独創的な着眼ではなく、やはり曇鸞の『論註』が下敷きになっています。他力釈の中の「三願的証」といわれる確かめには、第十八願・第十一願・第二十二願の三つの願が引かれていますが、この三願が他力によって、どのような人のうえにも同じ結果が成就することの根拠となることが確かめられています。この確かめが、「信巻」から「証巻」へと展開する着想の出発点になっているのです。

先ほど言いましたように、「行巻」の他力釈は、まず阿修羅の琴の譬喩から始まります。この譬喩の眼目は、菩薩がさまざまな姿になって衆生を仏道に向かわせるはたらきができるのは、すべて本願力が根拠となっているという点にあります。それを「教化地の第五の功徳相と名づく」としています。この教化地という語は、還相回向の問題を見ていくうえで重要な指標になります。

阿修羅の琴の譬喩の次には、菩薩の自利・利他の成就ということが出てきます。まず、

菩薩は四種の門に入りて、自利の行成就したまえりと、知るべし。

（「行巻」聖典一九三頁）

と、四種の門に入ることで菩薩の自利の行が成就するとあります。その次の引文では出る

という展開になります。そこには、

菩薩は第五門に出でて、回向利益他の行成就したまえりと、知るべし。
（「行巻」聖典一九三頁）

とあります。この回向利益他というのが、教化地のはたらきのことです。

さらに、自利の行の成就と利益他の行の成就の関係について、次のように述べられます。

自利に由るがゆえにすなわちよく利他す。これ自利にあたわずしてよく利他するにはあらざるなり、と知るべし。
（「行巻」聖典一九三頁）

そして、

利他に由るがゆえにすなわちよく自利す、これ利他にあたわずしてよく自利するにはあらざるなり、と知るべし。
（「行巻」聖典一九三頁）

自利があるから利他が可能となる。自利なくして利他はない。同時に、利他があることで自利が成就する。利他なくして自利はない。自利と利他はどちらか一方が単独で成立することはない。つまり浄土に入った者は、必然的に浄土を出ることになる。出ることが入ったことの確かさを証明するのです。浄土に入っても、それが中途半端な入り方であるならば、そこから出ようとしない。きちんと浄土に入って阿弥陀如来に出あったからこそ、そこを出て教化の地に赴くようになる。そういう菩薩を生み出すのが他力、すなわち如来の本願力なのです。浄土の悦楽や安穏を享受して出ようとしなくなるとしたら、入ったところは真実の浄土ではないのです。入った者が悦楽や安穏の虜になってしまう世界を、懈慢界といいます。宗教的な転換は感動や喜びをもたらしますが、感動が大きいがゆえに、その体験に縛られてしまう。そして同じような転換を経験しない者に対して、ある種の優越的な視線を持つようになることがしばしばあります。浄土に入った者が浄土を出ることになるとおさえられていることは、入四門から出第五門への展開には、そのような問題性までもすでに『浄土論』の視野に入っていることを意味しています。その確かめは、「化身土巻」の課題になります。

その次には、

菩薩はかくのごとき五門の行を修して、自利利他して、速やかに阿耨多羅三藐三菩提を成就することを得たまえるがゆえに。（「行巻」聖典一九四頁）

という文言が続いています。曇鸞によれば、阿耨多羅三藐三菩提とは「仏の所得の法」の名であって、これを得ることをもって仏と名づけられるとされます。つまり、仏を仏たらしめる精神ともいうべき重要な概念です。それが「速得成就」、すぐさま成就するのです。それを可能にするのも阿弥陀如来の本願力であるというのが、ここでの確かめの眼目です。その根拠として引かれるのが、第十八願・第十一願・第二十二願の三願で、これが先ほど触れた「三願的証」と呼ばれる確かめです（聖典一九五頁）。入・出の二門から見るならば、第十八願と第十一願の二願は入の功徳を、そして第二十二願は出の功徳を願う願です。第十八願と第十一願は、衆生のうえに功徳が成就するという趣旨の願です。第二十二願の功徳が誰のうえに現れるかということについては、見解が割れるので、今は留保して、後にあらためて触れることにします。

「自利利他」とか「速得成就阿耨多羅三藐三菩提」というのは、『浄土論』や『論註』の文脈では一応は菩薩のうえに成就する功徳とされますが、どちらも衆生のうえに功徳が成就するこの二願が根拠になっているとされるのですから、功徳の成就は菩薩のうえにだけではなく、同じ功徳が念仏往生人のうえにも成就することになります。その点が、三願的証が他力釈に引かれている重要な意義です。『教行信証』では、この功徳が凡夫のうえに間違いなく成就することを、本願成就（「信巻」）から往相・還相の回向（「証巻」）まで、一貫して他力回向を根拠にして明らかにしているのです。

阿闍世の救いは何によって成り立ったか

「信巻」後半には、『涅槃経』が長々と引かれ、阿闍世の救いが描かれています。これは本願力の回向成就によって往生人が誕生する事実を、阿闍世の姿に見ているわけです。八番問答の第一では、『観経』の文言が取り上げられて、下品下生(げぼんげしょう)の悪人の救いが示されましたが、親鸞は、『涅槃経』を引くことで、より具体的に、父殺しを後悔し苦悩する阿闍世が救われていく姿をもって、そのことを確かめているのです。阿闍世が、父を殺した罪の意識に責め苛(さいな)まれ、そして仏に出あい救われていく過程は、本願が成就すると人間のうえにこのようなことが起こるのだということを具体的に描き出しているのです。

その最後の場面で、阿闍世は、「自分には如来を敬う心や、仏法に寄せる心など微塵もなかったのに、今初めて仏の教えを信じ受けいれる心が出てきた」と言い表します。それを「無根の信」といいます。自分の中にはどこを見てもそのような可能性はなかった。それでも如来は阿闍世を救ったのです。

父殺しの罪で地獄に堕(お)ちることをおそれて悶絶した阿闍世は、この時、

> 世尊、もし我審(われあきら)かによく衆生(しゅじょう)のもろもろの悪心を破壊(はえ)せば、我(われ)常に阿鼻地獄(あびじごく)に在(あ)りて、無量劫(むりょうこう)の中にもろもろの衆生のために苦悩(くのう)を受けしむとも、もって苦とせず。
>
> （「信巻」聖典二六五頁）

と、「衆生の中の悪い心がなくなるならば、私自身は常に阿鼻地獄の中で苦しむことになってもかまわない」と言うのです。この言葉は、阿闍世の回心を表す場面として従来から

多くの人によって指摘されています。たしかに、この言葉は感動的であり、重要です。ところが、見落とされがちですが、その先にさらに重要なことが述べられています。

> その時に摩伽陀国の無量の人民、ことごとく阿耨多羅三藐三菩提心を発しき。かくのごときらの無量の人民、大心を発するをもってのゆえに、阿闍世王所有の重罪、すなわち微薄なることを得しむ。
>
> （「信巻」聖典二六五頁）

この文言は、これまであまり注目されてこなかったのですが、阿闍世王の言葉を聞いた摩伽陀国の人びとに、阿闍世王にこのようなことを言わせた仏の教えを自分たちも聞いていこうという大心が発ったわけです。この無量の人民に大菩提心が発ったことで、阿闍世の罪の意識が微薄になったとあります。罪の意識が微薄になったことは、阿闍世王の内面的変化のみによってもたらされたのではなく、その出来事に無量の人民の魂が共振したことによって成立したのです。この点が、『観経』で獄中の頻婆娑羅王が、

> その時に世尊、すなわち微笑したまうに、五色の光ありて仏の口より出ず。一一の光、頻婆娑羅の頂を照らしたまう。その時に大王、幽閉にありといえども、（筆者中略）自然に増進して阿那含と成りにき。
>
> （聖典九三～九四頁）

と、「阿那含と成」ったことによって得たとされる個人的な救いとは大きく異なる点です。これと似たことが、韋提希にも起こっています。『観経』の最後の方の「得益分」と呼

ばれるところに、

この語を説きたまう時に、韋提希、五百の侍女と、仏の所説を聞きて、時に応じてすなわち極楽世界の広長の相を見たてまつる。仏身および二菩薩を見たてまつることを得て、心に歓喜を生ず。未曽有なりと歎ず。廓然として大きに悟りて、無生忍を得。五百の侍女、阿耨多羅三藐三菩提心を発して、かの国に生ぜんと願ず。世尊ことごとく「みな当に往生すべし」と記す。（聖典一二一頁）

と、韋提希が無生忍を得た時に、五百人の侍女たちに、菩提心（道を求める心）が発ったと述べられているのがそうです。ここで述べられていることは、善導の指摘によれば、説法の途中の華座観（聖典一〇一頁）のところで、韋提希が、空中に現れた無量寿仏と観音・勢至の二菩薩を見た出来事を指しています。ところが、この五百人の侍女のことは、「得益分」以外には経典のどこにも触れられていません。彼女たちの存在はこの「得益分」で突然浮かび上がってくるのです。では彼女たちは韋提希のそばにいなかったのかといえば、そうではないと思います。おそらく彼女たちはずっと韋提希のそばにいて、一緒に仏の説法を聞きながら、事の成り行きを固唾を呑むようにして見守っていたのではないかと思います。しかし、そうした侍女たちの存在は韋提希の目には映っていなかった。それは、自分の苦悩に心が奪われて、それどころではなかったからでしょう。その韋提希が、世尊、我いま仏力に因るがゆえに、無量寿仏および二菩薩を見たてまつることを得つ。未来の衆生、当にいかにしてか無量寿仏および二菩薩を観たてまつるべき。

（『観無量寿経』聖典一〇一頁）

と、空中に無量寿仏を見た時に「心に歓喜を生」じて、直後に「未来の衆生はどのようにしてこの仏や菩薩を見ることができるのでしょうか」と尋ねたのです。心に歓喜を生じたのも大きな変化ですが、このように尋ねたのもまた大きな変化です。華座観は、とにかく楽になりたいという自己関心しかなかった韋提希が、未来の衆生という他者の存在を気にかけた出来事でもあるのです。この言葉を聞いて、五百人の侍女たちがほっと胸をなでおろしたのです。他者に視線が向けられたとき、周囲にいた侍女たちの存在が眼の中に入ったのです。五百人の侍女たちに菩提心が発ったことは、韋提希の様子を目の当たりにして、侍女たちも「私たちも同じ教えを聞いていこう」と思い立ったとみることもできますが、侍女たちの中にすでにあった菩提心に、彼女たち自身が気づいたとみることもできます。

他力によって成就する果の平等とは

私たちを浄土に迎えて仏にすることを誓うのが阿弥陀の本願ですが、その願いを信頼し、それにすべてを托することによって往生が約束されます。その約束が他力の源泉です。他力とは、私たちにはいかなる資格も努力も必要ないということであり、他力以外の方法では往生できないということです。つまり、私たちには他力に依る以外に選択の余地がないのです。ですから、もし往生が定まった人を見出したら、その人と同じ方法と根拠が自分にも当てはまるのです。

他力は普遍的な道理、すなわち、すべての人に同じくひとしくはたらく万有引力のようなものです。ニュートンは、木からリンゴが落ちるのを見て、その法則を発見したといわれますが、ニュートンが発見する前から、人類はずっとその法則の中で生きていました。引力の法則が発見されようがされまいが、そのはたらきには何の変化もありません。また、その法則をよく理解している人だけに作用するわけでもありません。万有引力の法則を理解するということは、それが、すべての人に普遍的に当てはまるということを理解することに他なりません。

如来の本願力、すなわち他力もこれと同じで、すべての人に同じように適用され、個人の資質や経験によって分け隔てされることがない、普遍的なはたらきです。

万有引力を理解していない人も引力の影響の下にあるように、本願力もまた、それを信じるか信じないかにかかわらず、その功徳は平等に与えられるのです。では本願を信じるとはどういうことか。それは、一切の衆生に平等に当てはまるということに疑いがないという信頼として成立します。だから本願力とは、それを信じる者だけに対してはたらくのではなく、知らない人にも、また信じない人にも、同じようにはたらくのです。そこに一切の条件や資格が求められない。そこに他力の意味があるのです。つまり、

　一一の光明遍く十方世界を照らす。念仏の衆生を摂取して捨てたまわず。

（『観無量寿経』聖典一〇五頁）

ということが、その人の内面のあり方などに左右されず、形式的にすべての念仏者に当てはまる、すなわち形式妥当性として成立するということなのです。

阿闍世も韋提希も、自分の問題にしか目が向いていない間は、本願力など眼中にないわけですから、他の人の姿は目に入りません。自分自身が摂取の光明の中に包まれていることに気づいた時に、すでに多くの人がその中に包まれていたことに気がつく。そのことを曇鸞は、「大乗正定の聚に入る」（聖典一六八頁）と言ったのです。すべての念仏者が同じくひとしく浄土に往生する姿を見出した時、自分もその中の一人であったことに気づくのです。

阿闍世と韋提希の二人が求めていたのは、苦悩から逃れたいという、いわば自己関心の救いであったといえますが、彼らの救いは、彼らだけの救いにとどまるものではありませ

んでした。彼らの内に菩提心が発起した事実は、同時に他者の発菩提心への気づきの眼をもたらしました。

浄土の教えに則してこのことを捉え直してみると、自分が称名念仏する前は、どれだけ多くの人が名を称えていようと、自分には関係のない人びとのつぶやきでしかなかった。しかし、自らが称名念仏する身となったことによって、自分自身に先立って名を称していた多くの念仏者の存在に気がつくのです。それらすべての人びとが往生人として見出される。阿闍世と摩伽陀国の人びと、あるいは韋提希と五百の侍女たちの間には、このような関係が成立したことが語られています。

「信巻」の『涅槃経』の引文群は、仏法に縁がなかった阿闍世が、仏との出あいを通して苦悩から解放されていく出来事を示して、如来の本願力の成就によって誕生する人間像を描き出しています。ここで忘れてはならないことは、阿闍世や韋提希のうえに成就した救いは、個人的な能力や資質に根差すものではなく、如来の願心の力が根拠となっているということです。そうである以上、その力は特定の個人に限定されることなく、他の人にも同じように行き渡り共有される質を持っているのです。この出来事の根拠となるのを本願力の回向、すなわち他力というのです。

如来の真実心が本願の精神として示され、さらにそれが名号として回向されることによって、如来心と衆生心がつながるのです。

「証巻」の冒頭に、

> 謹んで真実証を顕さば、すなわちこれ利他円満の妙位、無上涅槃の極果なり。すなわちこれ必至滅度の願より出でたり。また証大涅槃の願と名づくるなり。しかるに煩悩成就の凡夫、生死罪濁の群萌、往相回向の心行を獲れば、即の時に大乗正定聚の数に入るなり。（「証巻」聖典二八〇頁）

とありますが、この釈の眼目は「無上涅槃の極果」といわれる果が、煩悩成就の凡夫のうえに成就するという点にあります。

ここに「獲れば」とある読み方には少し注意が必要です。これを現代の日本語として解釈すれば「まだ獲ていないけれど、それが獲られたら」という仮定の条件に理解するのが普通です。ところが古語では、このような仮定の条件の意味になるのは「未然形＋ば」の活用形で「獲ば」と読む場合です。私も、以前はこの意味に解釈していました。しかし、いうまでもないことですが、『教行信証』は現代語ではなく古語です。この文のように「獲れば」と読むのは「已然形＋ば」という活用形です。これは「すでにそうなっている」と、確定の条件の意味に解釈すべき形です。この場合は「獲るのだから」とか「獲るので」という理由あるいは根拠の意味になります。古典の先生に聞きましたところ、鎌倉初期の親鸞の時代には、この「未然形＋ば」と「已然形＋ば」の用法が混同されることはほとんどなかったそうです。

この「往相回向の心行を獲れば」の「獲れば」は「已然形＋ば」ですから、これを確定の条件に読むと「往相回向の心行を獲るので」もしくは「獲るのだから」となり、「往相の心行を獲る」ということが根拠となって「即の時に大乗正定聚の数に入る」ことになるわけです。この点が浄土の最も肝心なところです。「無上涅槃の極果」といわれるような、すばらしい証果が約束されるとしても、限られた人にしか手が届かないものであるとしたら、そこから除外される者には関係のない話になってしまいます。凡夫の側には何の努力も資格も条件も求められない。だから、どのような凡夫も即時に、共に浄土に往生する人びとの同朋の一員として迎え入れられるのです。

ここで、「往相回向の心行を獲」るとはどういうことかが問題となります。「往相回向の心」とは、衆生を浄土に往生させようとする如来の真実心です。その心が衆生に届けられることが回向です。この心はどのようにして衆生に届けられるのか。それは、『一念多念文意』に、

「回向」は、本願の名号をもって十方の衆生にあたえたまう御のりなり。（聖典五三五頁）

とあるように、如来の真実心は名号となって衆生に与えられるのです。どのような人のところにも分け隔てなく回向される。そのはたらきが「往相回向の心行」の「行」です。先ほどは、それを如来からの招待状と言いました。私たちは、ただそれを受け取るだけです。どうやって受け取るかといえば、すぐ目の前まで名号が届いているのですから、その名を口に出して称えるだけです。それが「往相回向の心行を獲」る、すなわちキャッチ（獲）するのです。それ以外には何の条件も資格も必要ありません。その一声の称名念仏こそが唯一の証しです。ここに浄土教が大乗の至極であるとされる由縁があります。まさに名号がはたらく。このことを『論註』は、

これはこれ国土の名字仏事をなす、（「証巻」聖典二八一～二八二頁）

というのです。

「証巻」前半の確かめの眼目は、煩悩成就の凡夫に、平等に究極の果をもたらされるという点にあり、それを願うのが第十一願、「証大涅槃の願」です。

還相の果相

なぜ第二十二願が還相回向の願なのか

三願的証のもう一つは第二十二願ですが、これについて親鸞は、「証巻」中ほどで、

二つに還相の回向と言うは、すなわちこれ利他教化地の益なり。すなわちこれ「必至補処の願」より出でたり。また「一生補処の願」と名づく。また「還相回向の願」と名づくべきなり。『註論』に顕れたり。かるがゆえに願文を出ださず。『論の註』を披くべし。（聖典二八四頁）

と述べて、ここから「証巻」は、後半の還相回向の確かめが始まります。

これは、「教巻」冒頭に、

謹んで浄土真宗を案ずるに、二種の回向あり。一つには往相、二つには還相なり。（聖典一五二頁）

とあったのを受けて、ここで「二つに還相の回向と言うは」とあるわけです。一つ目の「往相の回向」の確かめがこの直前までずっと続いていたのです。こういうことからも、

『教行信証』が「巻」をまたいで、非常に大きなスケールの構成になっていることがうかがえます。

ここで目を引くのは、「『註論』に顕れたり。かるがゆえに願文を出ださず。『論の註』を披くべし」とある一文です。これは「この願の意義は『論註』において明らかにされているから、ここでは願の本文を出さないので、『論註』を通してその趣旨を確かめなさい」というわけです。たしかに、この後に『論註』の中に孫引きの形でこの願の文が出てきます（聖典二八六頁）。しかし、なぜ第二十二願を直接引かないのか。願の名前を挙げながら願の文を示さないというのは、『教行信証』の中ではここだけです。わずか数行の願文を直接に引かないのは、大いに疑問が残る扱いです。

この第二十二願については、最初の御自釈に「必至補処の願」と「一生補処の願」という二つの名が示されています。この願名は、願の前半に、

> たとい我、仏を得んに、他方の仏土のもろもろの菩薩衆、我が国に来生して、究竟して必ず一生補処に至らん。（『無量寿経』聖典一八頁）

と、浄土に来生した菩薩は必ず補処に至るということを願っているところからつけられたことがわかります。「補処」とは、菩薩としての最終段階とされ、仏に成る直前の位置づけになります。代表的な補処の菩薩は弥勒で、私たち真宗大谷派の報恩講の勤行ではこの

菩薩の徳をうたった和讃が多く用いられます。浄土で、その弥勒菩薩と同等の位を、すべての来生者に約束するのがこの願です。この二つの願名は、いずれもこの補処が約束されることに着目した名です。

仏に成ることを目指す菩薩であるならば、誰もがこの位を願ってやまない、修道の最終段階であるといえます。ところが、この願の後半には、菩薩たちの中には一生補処の功徳から除外される者がいるという文言が続いています。

> その本願の自在の所化、衆生のためのゆえに、弘誓の鎧を被て、徳本を積累し、一切を度脱し、諸仏の国に遊んで、菩薩の行を修し、十方の諸仏如来を供養し、恒沙無量の衆生を開化して、無上正真の道を立てしめんをば除かん。常倫に超出し、諸地の行現前し、普賢の徳を修習せん。もし爾らずんば、正覚を取らじ。
>
> （『無量寿経』聖典一八～一九頁）

とあります。「それぞれの菩薩の本願の自然の成り行きとして、衆生のために、弘誓の鎧を身に着け、徳本を積み重ね、一切の執着から自由になり、諸仏の国を訪れ、菩薩としての行を修し、いたるところで諸仏に出あい供養し、無数の衆生を導いて仏道に目覚めさせるはたらきを成す菩薩は除く」というのです。「除く」とは、補処が約束される対象から除かれるということです。そして、そのような菩薩方は、「普通の者より超えすぐれ、普賢菩薩のような徳を修める者となるであろう」と述べています。

　第二十二願の文言を素直に読めば、浄土において補処の位がすべての者に約束されるということが、この願の功徳である、と誰でも思います。後半は、第十八願の「唯除の文」と同じように、いわば功徳からの除外規定というべき内容です。先ほどの二つの願名の他に、もう一つ「還相回向の願」という名が挙げられています。これは後半の除外規定に着目した名です。この願名については、

　また「還相回向の願」と名づくべきなり。（『証巻』聖典二八四頁）

と、「また……と名づくべきなり」としてあります。これは漢文では「亦可名」と書かれていますので、伝統的に「亦可の名」と呼ばれています。このように「名づくべきなり」と記される願名は、親鸞が、その願の主旨に鑑みて独自に考案した命名であることを意味します。

　もし何の示唆も受けずに第二十二願を読んだとしたら、おそらくは補処を約束する前半に目がいくのではありませんか。誰も、後半の除外規定に願の主旨があるとは思いません。普通ならば補処を約束するところに願の主旨を見るはずであるのに、親鸞は逆に、後半の「その功徳から除外する」とある点にこそ願の主旨があると見た。だから、独自に「還相回向の願と名づくべきなり」と命名をしたと考えられます。

目指していたはずの補処の位を付与されてよしとするのではなく、自らの意思で、穢土のただ中に赴き、衆生を仏道に向かわせるはたらきをする者が現れる。実はそこにこそ菩薩道の帰着点がある。親鸞はこのように第二十二願を読まれ、そのような存在が還相回向のはたらきを担う者となると見たのです。願の文言を直接引かない理由も、ここにあるのではないかと思います。なぜなら、直接願文を読んだら、どうしても前半の方に目が向いてしまうからです。だから親鸞は、還相回向の意味が明らかになる形で引かれている『論註』を通して、この願を領解するように示しておられるのです。

願名を提示しながら、願文を引かない。「証巻」の還相回向の確かめは、このようにして始まるのです。

引文による確かめは、最初に、

『浄土論』に曰わく、「出第五門」とは、大慈悲をもって一切苦悩の衆生を観察して、応化の身を示す。生死の園、煩悩の林の中に回入して、神通に遊戯して教化地に至る。本願力の回向をもってのゆえに。これを「出第五門」と名づく、と。已上

（聖典二八四頁）

と『浄土論』の文言が引かれ、続けて『論註』の、

『論註』に曰わく、「還相」とは、かの土に生じ已りて、奢摩他・毘婆舎那・方便力

成就することを得て、生死の稠林に回入して、一切衆生を教化して、共に仏道に向かえしむるなり。もしは往、もしは還、みな衆生を抜いて、生死海を渡せんがためなり。このゆえに「回向を首として、大悲心を成就することを得たまえるがゆえに」と言えりと。（聖典二八五頁）

という文言を引きます。

ここに先ほど「行巻」の他力釈のところで触れた「出第五門」とか「教化地」という語が登場しますが、これらは『浄土論』の最後に、

初めの四種の門は入の功徳を成就す、第五門は出の功徳を成就せるなり。（聖典一四四頁）

とあるところから出てくる問題です。それが、一方では「証巻」の還相回向、もう一方では「行巻」の他力釈の問題を確かめていく最初のとっかかりとなっているわけです。このことからも、他力釈と還相回向には密接な関係があることがわかります。

四種の門から浄土に入り自利の行が満足したとしても、それで菩薩道が完了するわけではなく、浄土に入った菩薩たちが浄土に留まることなく出ていくことになるのです。他力釈で見たように、無量寿仏に出あった菩薩は、浄土の功徳に触れたがゆえに、そこを離れて穢土に赴くことになる。それは無理やり追い出されるのではなく、自らその道を選ぶの

です。

『大経』下巻の「東方偈」の前後（聖典四六～五一頁）を読むと、その理由がわかります。要点をかいつまんで申しますと、諸仏称名の声は十方に響き渡っていき、その声に引きつけられるかのように十方世界から菩薩たちが浄土にやってきます。その菩薩たちが無量寿仏にお目にかかって感銘を受けて、「この国はすばらしい」と称讃します。その国のどういうところに感動したかといいますと、「この仏の本願の力は、その名を聞いてその国に生まれたいと願うことで、誰もが間違いなくその国に至り、確実に仏と成る身となる」という点です。そして「自分の国もこの国と同じようになったらいい」と願うようになるのです。「東方偈」には、このようなことがうたわれています。浄土で無量寿仏に出あい、その徳に触れた菩薩たちは、そこに留まろうとしなくなる。すぐにでも浄土を出て、この国のことを自分の国にいる人びとに知らせたいと思うようになるからです。浄土に入って無量寿仏に出あったからこそ出ようとする。出る者となるということが、入ったことの確かさを証するのです。「行巻」の他力釈の引文に、「自利に由るがゆえにすなわちよく利他す。これ自利にあたわずしてよく利他するにはあらざるなり」（聖典一九三頁）、「利他に由るがゆえにすなわちよく自利す、これ利他にあたわずしてよく自利するにはあらざるなり」（聖典一九三頁）とあったのは、このことを指しているのです。

『大経』の展開では、この「東方偈」の直後に、第二十二願の成就文が出てきます。ですから、『浄土論』の門に入るとか出るとかいう問題意識は、この『大経』下巻の展開から出てきたに違いありません。しかし、どういうわけか親鸞は、こうした『大経』の「東方偈」の展開を一切引くことなく、すべて『浄土論』と『論註』に基づいて、還相回向の問題を確かめていきます。

「未証浄心の菩薩」と還相回向

「証巻」では、先ほどの『浄土論』と『論註』の二文に続いて、

> また言わく、「すなわちかの仏を見れば、未証浄心の菩薩、畢竟じて平等法身を得証す。」（聖典二八五頁）

という『論註』の文を引いて、「未証浄心の菩薩」を還相回向の確かめの中心に位置づけていきます。「東方偈」に登場するのは、諸仏の国から無量寿仏の浄土を訪れた菩薩たちです。そして浄土のすばらしさを伝えるために浄土を出ていく際にも、ある種の使命感を持つ存在として描かれています。ここに描かれる、もともと菩薩であった者たちと、『論註』に「未証浄心の菩薩」といわれている者たちとでは、かなり意味合いが違っているの

ではないかと思います。親鸞が『大経』の「東方偈」の展開を還相回向の確かめに用いなかったのは、使命感に満ちた自覚的な菩薩ではなく、「未証浄心の菩薩」といわれ、必ずしも自分が果たす役割に自覚的ではない者のうえに還相回向の相を見ていこうとしているからではないかと思います。

「証巻」に引かれる『論註』によれば、未証浄心の菩薩とは、

菩薩七地の中にして大寂滅を得れば、上に諸仏の求むべきを見ず、下に衆生の度すべきを見ず。（聖典二八六頁）

といわれる「七地沈空の難」という菩薩道における最大の難関を突破していない、いわば未熟な菩薩です。その未熟さの理由は、

作心をもってのゆえに、名づけて「未証浄心」とす。（聖典二八五頁）

といわれるように、「作心」（やっているという自意識）があるからだとされます。ところがその未熟な菩薩が、

無仏の国土にして仏事を施作す。（聖典二八五頁）

というのです。どうして未熟な者に仏事（仏の仕事）を担うことが可能なのか。それについて、

阿弥陀仏を見るとき、上地のもろもろの菩薩と、畢竟じて身等しく法等し、と。

（聖典二八五～二八六頁）

と、その理由が述べられています。つまり阿弥陀仏に出あうことが、その根拠となるわけです。未証浄心の菩薩が阿弥陀仏と出あうとは、名号に出あうということです。『一念多念文意』に、

「回向」は、本願の名号をもって十方の衆生にあたえたまう御のりなり。

（聖典五三五頁）

とありますように、如来の回向は名号として与えられ、その名号が仏事をなすのです。名号が与えられ、それを受けとることで、如来と衆生はつながる。このようにして本願が力となって私たちに届くわけです。

この未証浄心の菩薩こそが、名号となった法蔵菩薩の願心を衆生のもとへ届けるという仏事の担い手となるのです。これが還相回向という仏事の具体性であり、それを私は「還相の果相」（証B）と言いたいのです。

還相回向とは、阿弥陀仏の真実心を衆生に伝えるはたらきのことですが、それは名号を称する声として私たちに届いてきます。このとき、未証浄心の菩薩には、特別な能力やそれをやろうとする意識は必要ありません。「南無阿弥陀仏」とその名を称する声が十方世界に響き渡っていく、そのことが、そのまま還相回向のはたらきになるのです。十方に響

流する称名念仏の声そのものにはたらきがある。それこそが還相回向の相なのです。その名を称する声が響いていくのですから、未証浄心の菩薩として親鸞が思い描いていたのは、ただ素直に念仏を申す念仏者の姿です。

文字のこころもしらず、あさましき、愚痴きわまりなき（『一念多念文意』聖典五四六頁）

といわれるいなかの人びとの姿に他なりません。

法蔵菩薩の本願は、名号として回向されることで力となる。具体的には、無量寿仏の名が称えられ、衆生がその名を聞く。そして名を聞いた者もまた、名を称する者となっていく。この称名と聞名との相互作用の連続として仏事が成就し続けていきます。念仏者の誕生とは往生人の誕生であり、往生人の誕生は、同時に、その存在がそのまま往生を誘う存在の誕生でもある。前者が回向における往相の果相であり、後者が還相の果相です。

本願力回向が、名号という方便の形を得て成就するという視点を通すと、阿修羅の琴の譬喩から始まる「行巻」の他力釈（行Ｂ）に三願的証として挙げられた第十八願・第十一願・第二十二願の三つの願は、（行Ｂ）→（信Ａ・信Ｃ）→（証Ａ）→（証Ｂ）へと展開していき、阿修羅の琴の譬喩で締め括られます。この譬喩は（行Ｂ）の冒頭につながっていき、あたかも「証巻」の還相回向から他力釈のところに戻っていくように見えてきます。この三願的証の三つの願によって、称名と聞名が無限に連鎖して循環する流れができています。

そして、そのすべてが、如来の本願力を根拠としています。ですから、能力や資質、あるいは内面の精神性など、いかなる意味においても、人間の属性には依存しない。老少（ろうしょう）・善悪（ぜんあく）・男女（なんにょ）・賢愚（けんぐ）を問わず、どんな人もこの循環の流れの一部となるのです。念仏者が誕生すると、その念仏の声が共に浄土に往こうという呼びかけの声となって、次々と新たな念仏者を生み出していく。その声が、十方世界に響き渡っていく。そのことを願うのが第十七願に他なりません。

「真仏土巻」の課題

阿弥陀の浄土は報土か化土か

『教行信証』を、問題提起とその結びへの展開を確かめる視点で見ていくことで、複数の巻をまたいで課題がつながっている流れがいくつかあることがわかります。しかしそれらの流れのどれにも属していないように見えるのが「真仏土巻（しんぶつどのまき）」です。どの流れからも独立しつつ、すべての流れに関わって、それらの確かめの根拠になっているのが「真仏土巻」であるといえます。ですから、今回の三つの大きな流れには直接的に関係してこないかもしれませんが、「真仏土巻」について、いくつかの問題提起をしておきたいと思います。

私はずっと「真仏土」というのを「真如の土」とか「法性の土」であるかのように考えていました。そうしますと「とらえどころのない土」ということになりますから、文字通りつかみどころがありません。あえてどこかをつかめば、すぐに矛盾が生じてしまいます。ですから「真仏土巻」を読むことに苦手意識と抵抗感がありました。しかし、現在はそのような見方はしておりません。そのことについて少し話してみたいと思います。

「教巻」冒頭に、

謹んで浄土真宗を案ずるに、二種の回向あり。一つには往相、二つには還相なり。（聖典一五二頁）

とありますように、往相・還相の二つの回向は浄土真宗を見ていくうえでの根幹です。この往くと還るとは、二つの地点を往復する動きが表されているのですから、浄土という地点が想定されるからこそ成り立つ概念です。仏教の課題である成仏（仏に成る）ということだけを考えるならば、往・還という概念は必要ありません。『教行信証』を通して明らかにされている浄土真宗とは、浄土に往く相と還る相という、二種の回向のうえに成り立っているということが最大の特徴なのです。

浄土に往生して、そこで仏に成る。それが浄土教の面目です。浄土教の出現で、「(仏に)成る仏教」から「(浄土に)往く仏教・(浄土から)還る仏教」へと大きな枠組みの転換が起こったのです。「成る」というのは、あくまでも一人で歩むしかありません。弁護士になるとか医者になるという場合でも、一人でなるしかありません。「成る」というのはどこまでも個人的な出来事でしかありません。ところが「往く」となると、たくさんの人が同時に歩むことが可能になります。同じ方法で同じ結果が得られるというこの枠組みの転換は、仏教の大乗性という特質を考えるうえで非常に重要な視点を提起したといえます。

親鸞は、法然に出あい、本願念仏の教えに帰した。『法華経』やその他の経典を読み抜いても明確にならなかったけれども、「浄土」を説く教えに出あって、仏教とはどういう教えであるかということが初めて明らかになったのです。それが浄土真宗です。そうである以上、必然的に「なぜ浄土なのか」と「浄土とは何か」という二つの問いが出てきます。「なぜ浄土なのか」という問いについては、ここまで述べてきましたように、「いかにして仏に成るか」という課題を教・行・信・証の四巻で「浄土に往生して仏に成る」という枠組みの転換によって答えています。そしてもう一つの「浄土とは何か」の問いに答えるのが「真仏土巻」です。

親鸞は「真仏土」と「化身土」という二巻を立てて、仏土としての浄土をどのように考えるべきかを明らかにしています。

「真仏土」という語は、真仏と真土という二つの語からなっています。つまり身と土という二つの概念が含まれているわけです。「仏に成る」ことを根本課題とする仏教の思想においては、仏身を論ずることは常に中心的なテーマの一つでした。一方で仏土を論ずることは、まったくなかったわけではありませんが、あくまでも仏身論の付随的な問題とされていました。「真仏土」とか「化身土」というのは、仏身と仏土の二つの概念を、切り離さずに見ていこうとするところに、重要な視点が表されています。すなわち弥陀を離れて浄土なし、浄土なくして弥陀なしと、仏身と仏土が不可分の関係にあることが示されているわけです。このことは、それまであまり注目されていなかった仏土をめぐる議論が、重要な焦点の一つとなったことを意味しています。

真仏土という問題を考えるときには、「真」という語をどのように理解するかということが、重要な問題になってきます。「真仏土巻」の確かめをきちんと見ると、この「真」は、いわゆる真如という意味ではなく、「願に酬報した報仏・報土」という意味であるということがわかります。
真如は、他にも「如」「無為」「虚空」など、さまざまな語で指し示されますが、いずれも、それが何であるかを特定することができないという事柄を表しています。それはまた、いつでも・どこでも・誰にでも当てはまるという普遍性を意味しますから、人間だけではなく、あらゆる動植物、さらには生命を持たない物質にも、同様に当てはまることになります。宇宙全体に普遍的に当てはまる道理であるともいえますが、どれだけ説明しても説明したことにはならないし、また特定の誰かが認知できたり、それを理解するなどということはあり得ません。さらには、特定の事物に限定される形での作用や影響もあってはならないことになります。特定の姿や形や作用を持たず、何らかの概念として表すこともできません。そういうことを考えたり説明したりしようとすると、結局は訳がわからなくなってしまいます。私としても、今ここでこの問題にこれ以上深入りしたくありませんので、この辺でやめます。

「真仏土巻」の冒頭には、

謹んで真仏土を案ずれば、仏はすなわちこれ不可思議光如来なり、土はまたこれ無量光明土なり。しかればすなわち大悲の誓願に酬報するがゆえに、真の報仏土と曰うなり。（聖典三〇〇頁）

とあります。真仏土は「真仏」（仏身）と「真土」（仏土）の二つの概念が合わさっています。そして「仏」については「不可思議光如来」とあります。「不可思議」とは、単にわからないという意味ではなく、「思議す可（べ）からず」という、ある種の禁止をともなった強い否定の意味です。すなわち思議の対象とすべきではないということです。「不可思議光如来とはどのような如来であるか」と思議したり、説明を試みることを不可であると言うのです。

「土」については「無量光明土」とあります。この「無量」は、単に量れないというのではなく、量るという概念の対象にはならないという意味です。ですから比較の対象にもならないし、イメージの対象にもなりません。時々、無量というのを「量ることができないほどの大きな量」と考えている人がおられます。しかしこの説明は、無量の説明としては適切ではありません。数えることができないほどの数を表す語として「恒河沙（ごうがしゃ）」があります。これは「ガンジス河の砂」を譬喩として数えきれない数を表しています。この恒河沙はたしかに数えきれない量ですが、しかし無量ではありません。有量です。どういうことかといいますと、数えることはできなくても比較の対象にはなりますし、また増えたり減ったりします。比較の対象になったり増減するものは、無量ではないのです。不可思議も無量も、このようにどちらも概念として限定されることを否定するわけです。

そのような「真仏土」が、ここでは「真の報仏土」とおさえられて、「真仏」が「報仏」へ、「真土」が「報土」へと転換されているのです。「真」ではなく「報」とした理由は、「大悲の誓願に酬報する」からであるとされます。報仏・報土の成立根拠が大悲の誓願であるとして、その願い（理念）が明確にされます。こうすることで、「真理性」よりも如来の大悲という「普遍妥当性」に焦点を当てた用語になります。この「報」という概念を与えられたことで、私たちは、その作用や功徳に考えをめぐらせることができるようになります。

このように見ることで「真仏土巻」とは「報仏報土の巻」であるということができるわけです。

「報土」という概念の成立

「真仏土巻」を、法身仏・法性土ではなく、報仏・報土という観点から読むようになって、一つの発見がありました。それは、経典の中に「報土」という語がほとんど出てこないということです。どうしてこのことが気になり始めたかといいますと、「真仏土巻」に引かれる『不空羂索神変真言経（ふくうけんじゃくじんぺんしんごんきょう）』について講義したことがきっかけです。そこには、汝当生の処は、これ阿弥陀仏の清浄報土なり。蓮華より化生して、常に諸仏を見たてまつる。もろもろの法忍を証せん。寿命無量百千劫数ならん。直ちに阿耨多羅三藐三菩提に至る。また退転せず。我常に祐護す、と。已上　（聖典三〇三頁）

とあります。これは寿命無量の功徳の成就文として置かれています。これは浄土の経典ではなく真言密教の経典ですが、ここには浄土教の教理がみごとに述べられています。この経の名前を見て、なぜこのような見慣れない経典の文言が引かれているのかという疑問が湧く人は少なくないと思います。私もその一人でした。それで、『大経』の異訳を中心に、浄土教関連の経典の中に、もっと適切な寿命無量の功徳の成就文に相当する文言がないか調べてみました。すると、すでに「真仏土巻」（聖典三〇一頁）に引かれている『大経』の成就文以上のものはなく、重ねて引く必然性があるとは思えない文章ばかりでした。そうこうしている間に、親鸞がこの経典のどの部分に最も注目していたのかを考えるようになり、やがて「報土」という語が目に止まりました。そしてあらためて、「報土」という語を検索して経典の中の用例を調べてみました。すると、浄土教関連の経典には「報土」という語はまったくありませんでした。いっしょに勉強していた方がすぐに他の経典についても調べてくださいました。驚いたことに、他の経典にもこの語が出てこないのです。経典の中に「報土」という語が登場するのは、『不空羂索神変真言経』のこの文だけなのです。「報身」はたくさん出てくるのですが、「報土」はこの一例だけです。

真宗学を学ぶ者として聞き慣れていた「報土」という用語が、経典の中に出てこないというのは新鮮な驚きでした。同時に、経典の中に報身があるのに、報土という語が見られないのはなぜかという疑問が浮かんできました。報身は、法身・報身・応化身を論ずる仏身論の中で重要な意味を持つ概念ですから、いろいろなところに登場してきます。釈尊入滅後の仏弟子にとって、仏身の問題は重要な論点でしたから、ある意味で当然のことです。それに比して仏土論は、仏身論から派生する論点の一つにすぎなかったのです。

まだきちんと確かめたわけではないので、現段階での推論にすぎませんが、報土は初期の仏教の議論の中では、さほど重要な概念でなかったからではないかと思います。では仏土論が重要な問題となってきたのはなぜか。それは仏土を論ずる教説が仏教界に登場してきたからでしょう。つまり浄土往生を中心に据えて衆生済度を課題にする浄土教が興隆して、多くの人に受けいれられるようになってきたから、それをめぐる議論が出てきたのです。

道綽や善導の登場によって、それまで、仏教の辺縁に位置づけられた人びととの間にも、浄土教が広く受けいれられるようになっていきます。その中で、浄土教に対する批判や論難が投げかけられます。その一つに、修行も学問もしていない凡夫が往生できるような阿弥陀の浄土とは化土である、という議論があります。実在しない浄土をあたかも実在するかのように説いて、人びとの関心を引こうとしているにすぎないというわけです。そのような阿弥陀の浄土は化土であるというのです。

この論難に対して道綽や善導は、「阿弥陀の浄土は化土ではなく報土である」と反論しました。従来から仏身論で用いられてきた「報」という概念を仏土論に適用して応えたのです。そのように考えると、隋・唐の時代以降の書物から、報土という語が頻繁に登場し始めることも含めて腑に落ちます。おそらくこの推論は、さほど的を外してはいないと思います。この点は、今後きちんと検証してみる価値がある問題だと思います。

以前の私は、「真仏土」という語で「法性の土」とか「真如の土」という捉えどころのない概念を想定して、その前でたじろいでいましたが、「報土」という概念に目が向いたことで、ようやく「真仏土巻」を読む視点と方向性がはっきりしてきました。「真仏土巻」の課題は、「阿弥陀の浄土は報土である」という点にあるのです。

このように見ることで、この巻の最後の方に、善導の「是報非化」の問答が引かれる意味も明確になりました。その問答は、

光明寺の和尚云わく、問うて曰わく、弥陀浄国は当これ報なりや、これ化なりとやせん。答えて曰わく、これ報にして化にあらず。

（「真仏土巻」聖典三一八頁）

というやり取りから始まります。同じ議論は道綽の『安楽集』にもありますが、親鸞は善導の問答によってこの問題を確かめています。

浄土が報土か化土かという観点は、道綽以前に曇鸞が提起していました。曇鸞は報土という語そのものは使っていませんが、「是報非化」という視点は明確に持っていました。「証巻」に引かれる『論註』に、

> 諸仏菩薩に二種の法身あり。一つには法性法身、二つには方便法身なり。法性法身に由って方便法身を生ず。方便法身に由って法性法身を出だす。この二つの法身は、異にして分かつべからず。一にして同じかるべからず。（聖典二九〇頁）

とある、この方便法身が報身という概念です。この法性法身（真）と方便法身（報）の二つの法身が一法句におさまるとし、

> 「一法句とは、いわく清浄句なり。清浄句は、いわく真実の智慧無為法身なるがゆえに」とのたまえり。（聖典二九〇頁）

と確認したうえで、

> 「この清浄に二種あり、知るべし」といえり。（筆者中略）「何等か二種。一つには器世間清浄、二つには衆生世間清浄なり。（筆者中略）かくのごときの一法句に二種の清浄の義を摂すと、知るべし」とのたまえり。それ衆生は別報の体とす。国土は共

報の用とす。体用一ならず。このゆえに、知るべし。しかるに諸法は心をして無余の境界を成ず。衆生および器、また異にして一ならざることを得ず。（聖典二九一頁）

と展開します。ここには「報」という語は出てきませんが、それがどのような概念であるかということがきちんとおさえられています。また法身と衆生と器（土）が不可分の関係にあることが明らかにされています。そして器と食物の譬喩を出して、器が不浄であれば、中の食べ物も不浄になる。逆に食べ物が不浄ならば器も不浄になる。だから法身が清浄であるには国土もまた清浄でなければならない。さらにはそこに生まれる衆生もまた清浄である、とおさえられています。道綽・善導の「阿弥陀の浄土は化土ではなく報土である」という視点の源には、この曇鸞の確かめがあることは間違いありません。

「真仏土巻」には、まだよくわからないところが多いのですが、「報土」という語が、仏教の歴史の中では比較的新しい概念であるという問題の所在が明確になったことで、焦点がはっきりしてきました。以前は「真仏・真土とは何か」ということがよくわからず、迂闊に手が出せないという難しさを感じておりました。もしそれについて考えたり言及したりしてしまったら、すべてが「化仏・化土」になってしまうからです。ところが、報仏・報土という概念が「真仏土巻」の主題であるという視点からこの巻を読み直して、その難しさの正体がはっきりしました。「真仏土」というのは「わかる、わからない」とか「言及できる、できない」という範疇にあてはまる対象ではないのです。「できる、できない」という範疇ではなく、思索や言及の対象にならない。そういう対象にすべきではないということを明らかにしようとするのが、「真仏土巻」なのです。つまり、私たちの思索や言及の対象になるものは、すべて化身・化土である。そこから「化身土巻」への展開が開かれてくるのです。

「光明・寿命の願」なぜ二願一名なのか

「真仏土巻」については、もう一つ、問題提起をしておきたいことがあります。それは願の名前に関することです。冒頭の御自釈には、

すでにして願います、すなわち光明・寿命の願これなり。（聖典三〇〇頁）

と願の名が示されています。第十二願は「光明無量の願」、第十三願は「寿命無量の願」と、それぞれに願名があるにもかかわらず、二願の名を合わせて「光明・寿命の願」と一つの願名にしているのです。他の巻では、一つの願にいくつもの願名を挙げて、さらに親鸞自身の領解に基づいて独自の名を提起してまで、願の内容を確かめています。ですから親鸞は、願の名について非常に大切に考えていることは間違いありません。しかしこ

ここでは二つの願を一つの名におさめています。この真宗聖典では「光明」と「寿命」の間に「・」を入れてありますが、「坂東本」の写真にはそれはありません。ですから光明と寿命を別々に見ていないのです。こういう扱い方は「真仏土巻」の二願だけに見られる特徴で、注目すべきことだと思います。しかもそれは、願名だけではなく願文の引き方にまで関わってくる視点であると考えられます。この巻に引かれている願文を見ますと、

『大経』に言わく、設い我仏を得たらんに、光明よく限量ありて、下百千億那由他の諸仏の国を照らさざるに至らば、正覚を取らじ、と。

また願に言わく、設い我仏を得たらんに、寿命よく限量ありて、下百千億那由他の劫に至らば、正覚を取らじ、と。（聖典三〇〇頁）

とあり、第十二願と第十三願の二つの願文の間には締め語がありません。光明無量と寿命無量を、それぞれ独立した願と見るのではなく、一体に見ているからであろうと思います。そのように理解すると、二願が一つの願名とされていることにもうなずけます。この引文はもともとの願いという意味で因願と呼ばれますが、ここが終わってもまだ締め語が置かれずに、そのまますぐに成就文が続きます。

願成就の文に言わく、仏阿難に告げたまわく、「無量寿仏の威神光明、最尊第一にして、諸仏の光明の及ぶことあたわざるところなり。（筆者中略）昼夜一劫すとも、尚

未だ尽くすことあたわじ」と。
仏阿難に語りたまわく、「無量寿仏は、寿命長久にして勝計すべからず。（筆者中略）その寿命の長遠の数を計えんに、窮尽してその限極を知ることあたわじ」と。抄出
（聖典三〇〇～三〇一頁）

このように、二つの願文の間に締め語がないだけではなく、因願と成就文との間にも締め語がないのです。しかも成就文を引く際には「願成就の文に言わく」としてあるだけですし、「光明無量の願成就文」が始まるところには、あらためて出典を示す文言も置かれていません。こういう引き方からわかることは、二つの願を別々の願とは見ていないということであり、しかも、因願と成就が分かち難い関係にあるという視点が示されているということです。つまり、因願と成就が別ではない。すなわち因成不離あるいは因果不離とでもいいますか、因願が発されて、やがてそれが成就することになる、という願の構成にはなっていないということを意味します。

二願を一名におさめ、しかも因願と成就文の引文の確かめのすべてが、一つの締め語で締め括られている形で、この二願をどのように読むべきかということを明確に示したのだと思います。

引文群のまとまりの区切りとして締め語を重視して主題を確認するという視点は、これ

までの『教行信証』の読み方にはなかったことなので、伝統的な読み方を大切にされる方にはなじみにくいかもしれません。しかしそれは、人為的に編集された刊本でしか『教行信証』を読むことができなかった時代に考案され定着した読み方です。『親鸞聖人真蹟集成』（法藏館）が刊行されて、「坂東本」の写真版を手元に置いていつでも見ることができるようになってから、まだ五十年も経っていません。公刊された写真版はまだ充分に活用されているとはいえません。ですから、「坂東本」に基づく『教行信証』の読み込みは、まだ始まったばかりであるといえます。「締め語」は、これから『教行信証』に向き合っていこうとなさる方には、是非とも念頭に置いていただきたい視点の一つです。

『教行信証』の構造と行改めの意味

「信巻」（信C）から「証巻」（証A・証B）、そして「真仏土巻」まで見てきましたが、ここで【資料２】と【資料３】の図（巻末二六六頁・二六七頁参照）に「〰〰」で示した行改めについて、現段階で考えていることを整理しておきたいと思います。

「坂東本」の写真版を手元において随時見られるようになって、すぐに行改めの存在に目がいくようになりました。そして、ただ無造作に行を改めているのではなく、そこが重要な意味の切れ目になっているのではないかという感触もありました。しかし、どういう位置がどういう理由で行が改められるのかが、もう一つはっきりしませんでした。三か所での講義のために、各巻の区切りを越えてつながっている縦の流れを整理する機会を得ました。【資料2】の輪切りにされた柱状の図から、それぞれの主題の流れごとに関係する部分を左右に振り分けて【資料3】のような図を作っていく過程で、流れが分岐するところと行改めが一致していることに気がつきました。行改めのところで、【資料2】の柱が左右に振り分けられて【資料3】の図ができていくのです。「化身土巻(けしんどのまき)」でも、行改めのところで確かめの内容が大きく転換していると見ても差し支えありません。このことに気づいたことで、三十年前に写真版の「坂東本」を見るようになって以来抱いていた、行改めが何を意味するかという疑問が、私の中でストンと腑に落ちました。

この他にも意味の区切りになっているのではないかと思われる行改めがありますが、現時点ではそれについては明確な見方ができていませんので、今回は触れないでおきたいと思います。

唯除と仏智疑惑（流れ3）

弥陀の本願の救いから除外される者はいるか

誹謗正法と八番問答

「信巻」の最後の（信D）から「化身土巻」への展開は、「流れ3・唯除と仏智疑惑」になります。この流れは、

> それ諸大乗に拠るに、難化の機を説けり。今『大経』には「唯除五逆誹謗正法」と言い、あるいは「唯除造無間悪業誹謗正法及諸聖人」と言えり。
>
> （「信巻」聖典二七二頁）

とあるところから始まります。この文言の前には、（信C）と（信D）を分ける行改め（信3）があります。

『教行信証』は、親鸞が法然の教えをどのように受けとめていたのかを明らかにしよう

とする書物です。その中で、法然が言わんとしたことがどういうことであるか、詳細かつ厳密に整理しています。そればかりではなく、法然の著述ではほとんど言及されていない問題にまで、確かめが展開していきます。しかしこれは、法然が提唱した称名念仏の教えをつきつめていったところから必然的に出てくる問題であって、法然の教えとは別に新しい考え方を提起したということではないと思います。たしかに、法然は往相・還相の二回向や、「化身土巻」に展開している第十九願・第二十願の問題などには、ほとんど触れていません。しかしこれらは、法然のもとで学んだことや、門弟の間に起こった出来事を見聞きしたところから、必然的に出てきた問題であって、法然から聞いたことから逸脱しているわけではありませんし、親鸞が独自の新説を提唱したわけでもありません。

これから見ていく唯除の問題についても、法然はおそらく、

> 謗法・闡提、回心すればみな往く、と。（「信巻」聖典二七七頁）

と述べた善導と同じ考えだったのではないかと思います。しかし親鸞は、

> 唯五逆と正法を誹謗せんをば除く。（『無量寿経』聖典一八頁）

という、いわば除外規定ともいうべき唯除の問題で、五逆と誹謗正法は同列に見てはいけないのではないかという問題にぶつかったのです。その問題意識は『論註』の八番問答から出てきたものです。

八番問答は、『浄土論』の最後の、「普くもろもろの衆生と共に、安楽国に往生せん」（聖典一三八頁）という回向門の文言から出てきた、「すべての人びとと共に」と願うのが本願であるはずなのに、なぜ特定の者を除外するかのような文言が本願の最後に付け加えられているのかという問いを確かめようとする、八つの問答です。

「信巻」後半に、長々と『涅槃経』を引いて確かめていることは、阿闍世のような五逆の罪を犯した者が救われるのが本願念仏の教えであり、そのためにこそこの教えがあるということです。ところが、本願に五逆や正法を誹謗する者を除くという唯除の文があるのに、『観経』や『涅槃経』には五逆の罪を犯した者の往生を説いている。経典に説かれることが一致していないことを、どのように考えて整理すればよいのかが問題になっているのです。端的にいえば、本当に弥陀の本願の救いから除外される者はいるのか、という疑問です。

このような問題意識は、『選択集』の中にはまったく見られません。私が知る限り、法然の他の著作においても明確には提起されていません。ですから、法然においては主要な課題になっていないと思います。これがどういう問題であるのかを確認し整理していくのが、「信巻」後半の八番問答から「化身土巻」につながっていく流れです。これが「流れ３・唯除と仏智疑惑」と名づけた流れになります。

先ほど述べましたように、「信巻」には、第一問答は引かれておらず、第二問答から第八問答までの七つの問答しか出てきません。ですから「信巻」の引文の一番目の問答は、『論註』では第二問答になります。ここでは、混乱を避けるために、『論註』の順序で第一問答から第八問答という言い方に統一したいと思います。

『教行信証』に引かれている第二問答から第五問答までの展開では、唯除の文の五逆罪と誹謗正法の二種の重罪の関係が明らかにされます。すなわち、五逆罪は除くとされているが、『観経』の下品下生にその往生が説かれている。だから、阿弥陀如来は五逆の罪人を捨て置くわけではない。しかし、誹謗正法については、第五問答の結びで、「その罪もっとも重なり」（聖典二七三頁）とされます。ここで一連の問答の中心が、誹謗正法の罪を犯した者が救われるか否かという点にあることが示されます。摂取して捨てずという本願の精神と、唯除の文とは矛盾するのではないかということです。

そこから焦点が誹謗正法の問題に絞り込まれていくかと思いきや、第六問答では、再び五逆・十悪の救いが問題になります。

ここでは二つの問いが提起されます。一つは、重い罪を犯した者は悪道に堕（だ）して無量の苦を受けるのが当然であるはずなのに、『観経』の下品下生では、たった十念の念仏によって安楽国に往生して仏に成ることが定まる身となるとあるのは、道理に合わない。これをどう考えればよいのかという問題です。もう一つは、加害者である罪人が三界の領域を出て浄土に往生して安穏としているというのに、娑婆世界に残された被害者は、その犯罪の結果生じた影響を受け続けることになる。そのことをどうするのかという問いです。罪と罰の釣り合い、あるいは加害者の救いと被害者への償いの問題ですが、どちらも、もっともな疑問です。

この問いに対して、曇鸞は、質問者は五逆の罪は重く十念の念仏は軽いと決めつけているが、行為の重さと軽さを見定めるには、三つの観点から考える必要がある、と答えます。すなわち「在心（心に在り）」「在縁（縁に在り）」「在決定（決定に在り）」の三つです。これは三在釈と呼ばれてきた確かめですが、罪を犯すことと十念念仏が、それぞれどういう因・縁によって生起するのかという視点から考える必要がある、というのです。

まず「在心」とは、内心にその因があるということです。因なくして果は生じない。当たり前のことです。虚妄顛倒の心が内に在って、それが罪を犯す内因となる。仏教の人間観に立てば、その虚妄顛倒の心がない人間はいないのですから、誰もが罪を犯す可能性（因）を内在しているのです。このことを否定できる人はいないでしょう。

次に「在縁」とは、因が結果として現れるには縁が不可欠であるということです。因があっても縁なくして果は生じない。これも当然のことです。罪を犯す縁となるのは、周囲の人びとの虚妄顛倒の心です。虚妄顛倒の心を持たない人はいないわけですから、そのような人たちからのさまざまな形になったはたらきかけ（外縁）が、その人のうえに集って罪を犯す。誰の心にも内在する虚妄顛倒の心が内因となり外縁となって、それらの因縁が和合した結果として罪が生じるのです。

一方、十念の念仏は、真実を求める心（内因）に真実功徳の名号が届いたこと（外縁）によってしか生じない。そこには虚妄顛倒の要素は一部も入っていない。つまり「魔が差して念仏してしまいました」とか、「ついうっかり念仏しちゃいました」ということは絶対にないのです。前者は虚妄と虚妄の和合の所産であり、後者は因も縁も真実であるところからしか生じない。だから虚妄は軽であり、真実が重であることは論ずるまでもない、と曇鸞はうなずいているのです。納得しがたい人もいると思いますが、曇鸞に言わせれば、これが逆だと感じてしまうのが虚妄顛倒の相（すがた）そのものなのです。

三番目の「在決定」心というのは、有後心（うごしん）・有間心（うけんしん）と無後心（むごしん）・無間心（むけんしん）との違いが指摘されます。有後心は、まだ後がある心、つまり失敗してもやり直すことができるという思いです。無後心は後がない。これが最後の機会であるということです。有間心は、あれかこれか比較したり、迷うことができる余裕がある心、無間心はそういう余裕がない心です。罪と十念とを比べて、重いか軽いかなどとあげつらっている者は、あれこれ比べたり考える有間心で、しかも間違ってもやり直すことができるという余裕がある有後心で言っているにすぎない。一方、今際の際に南無阿弥陀仏と称えた人は、せっぱ詰まってやり直しができない無後心で、他に選択肢があるのではないかと考える余裕もない無間心から出てきた念仏である。五逆・十悪の悪人が臨終に十念念仏しようとした決定心を、迷う余裕のある者が、とやかく言うことができるのか。他になす術がない者が、最期に十念の称名念仏をすることで八十億劫の罪が除かれるという仏説の言葉は、道理にかなっている、と曇鸞は言うのです。

　この三つの心によって、

　三つの義を校量するに、十念は重なり。（「信巻」聖典二七五頁）

というのが、第六の問いに対する曇鸞の応答です。これは重要な確かめです。

　そして第七問答では、「十念は重なり」という結論を受けて、「一念」とはどれくらいの時間であるのかということが問われます。質問者は、あくまでも「十念」の意味にこだわっているのです。答えでは、一応は、仏教の時間の単位としての「念」の説明をしますが、「この中に『念』と云うは、この時節を取らざるなり」（聖典二七五頁）と、ここでいうところの「念」は時間の概念ではないと否定します。そして、阿弥陀仏を憶念して心に他の想いが混じらないようにして十念相続することを「十念」というのであるとし、さらに名号を称する場合も同様に、他の想いが混じらないようにすることである、と答えます。

直前の第六問答には、奥深く緊張感のあるやりとりが展開していたのに、この第七問答では、そこまでの展開から目先がそらされた感があります。一念や十念に対するこだわりは、五逆にも誹謗正法にも関係ない話としか思えません。

しかも第八問答では、それに輪をかけたように、「十念相続」ということが問題になります。質問者は、念ずることから心が離れるならば、念の多少を知ることができると前置きします。つまり、一念、二念と十念まで回数を数えようとすれば、数えている瞬間は念ずる心が途切れることになり、逆に、念ずることに意識を集中すると、数えられなくなります。どうやって念ずることが途切れないようにしたまま十念したことを知ることができるのかと問うているのです。

「蟪蛄春秋を識らず」の譬喩の意味

私はこの第七・第八問答のやりとりを見て「なんだこれは。そんなことにこだわることに、どれほどの意味があるのか。そもそも八番問答の課題は、誹謗正法の罪を犯した者は本願から除外されるか否かという問題ではないのか」と、いぶかしく思う気持ちがぬぐえませんでした。

第八問答の問いに対して、曇鸞はまず、十念は必ずしも何回念じたかにこだわる必要はないと答えます。そして次のような譬喩を出します。

蟪蛄春秋を識らず、伊虫あに朱陽の節を知らんや、と言うがごとし。知る者これを言うならくのみと。

（「信巻」聖典二七五頁）

これはしばしば取り上げられる有名な譬喩です。解説される場合は、夏しか生きられないセミは、春と秋を識らない。このセミは夏を知っているとはいえない。つまり、狭く限られた知識や経験しかない者は、広く大きな世界の意味を知らないばかりではなく、自分がいる狭い世界の意味も知ることができないという意味である、などと説明されます。譬喩が意味するところは、それほどわかりにくいものではありません。

これで八番問答が締め括られ、『論註』の上巻が結ばれるのです。、私はどうしても、このような結末には納得がいきませんでした。なぜなら、八番問答という一連の問答の本筋は、「十念相続」がどういう意味であるかではなく、五逆や誹謗正法の罪を犯した者が本願から除外されるか否かという点にあると考えていたからです。問答全体を、一貫性のある展開として見ようとすると、第七問答と第八問答は、唯除の問題から矛先がそらされているようにしか見えません。最初の唯除の文についての問題意識はどこにいってしまったのかと、いぶかしく思わざるを得ない終わり方です。

『教行信証』や『論註』の参考書を見ましても、その疑問に的確に応えてくれる指摘に出あえなかっただけではなく、このような、いかにも消化不良感が残る終わり方に疑問を呈する指摘も見当たりませんでした。この第八問答で『論註』の上巻が終わり、下巻では唯除の文や誹謗正法の問題が再び取り上げられることはありません。同様に『教行信証』の展開でも、八番問答以降は、「誹謗正法」という語は登場しなくなります。この重要な問題提起が、中途半端なままここで終っているとしか思えませんでした。

私は、『論註』に対して苦手意識がありまして、ずっと敬遠しておりましたが、数年前からようやく親しみを覚えるようになってきました。読んでみて感じますのは、曇鸞という方の思想表現は、きわめて厳密で論理の飛躍や矛盾がほとんどないということです。ですから、重要な問題を提起しながら、中途半端なままにしておくことはありません。八番問答は「唯除五逆誹謗正法」の問題を正面から取り上げているのですから、この八つの問答で充分に確かめ切っているはずであり、しかも、この問答で上巻が結ばれるのですから、ここできちんとした上巻の締め括りになっていなければならないのです。だからこそ、従来の解説では、どうしても消化不良の感がぬぐえなかったのです。

この数年の間に、「信巻(しんのまき)」の八番問答を講義する機会や、若い人たちと『論註』の共同学習をする機会がありましたので、じっくりと八番問答に向き合うことができました。そのような得難いご縁をいただきまして、最近になって、ようやくこの問題に整理がついてきました。

まず意識しなければならないことは、最後の第八問答の中に、誹謗正法の問題がきちんと織り込まれているという視点を持つことです。そしてもう一つこの問答の要は「蟪蛄春秋を識らず」の譬喩にあるということです。そのように見定めて、このセミや夏、あるいは春秋は何を意味するのか。曇鸞が明らかにしようとしていることは何か。このようなことを念頭に置きながら、この問答が最後にあることの意味を考えました。

やがて、なぜこの問答の結末に消化不良感が残るのかと考えるようになり、さらに私自身の違和感の方に疑問が向いてきたのです。曇鸞自身は、この終わり方ですっきりしているはずなのです。つまりこの譬喩を通して、正法と誹謗正法との関係を浮かび上がらせようとしているのではないか。そうだとすると、釈然としていなかった私の方に問題があると考えざるを得ないのです。

そもそも私は、どのようなことが述べられていたら、消化不良感を覚えないのか。私が曇鸞に期待していたのは、「誹謗正法の罪とは何か」という問いに対する明確な答えです。五逆罪についてはさまざまな経典や聖教に出てきますから、それがどういう行為を指すかということはわかります。ところが誹謗正法というのは、わかっているようで実は何もはっきりしていないのです。つまり、本願から排除される者がいるとするならば、それはどのようなことをする者か、私はまずそれを知りたかったのです。このような形で私の問題意識が明確になったときに、それを知ろうとしている私自身が、この譬喩の中のセミであるということに思い至ったのです。

もしセミが誹謗正法の罪を犯している者であるとすると、夏しか知らないセミは誹謗正法のただ中にいるわけで、そのセミが春秋を識らないということは、正法を識らないという意味になります。春秋を識らないセミが夏を知ることができないように、正法を識らない者は誹謗正法の罪を知ることはできないのです。セミに夏の意味を教えることができないのと同様に、正法を識らない者に、誹謗正法のなんたるかを教えて理解させることも、また不可能なのです。

どれほど丁寧に言葉を尽くして、セミに夏の意味を教えようとしても、セミにとっては夏がすべてであり、春と秋はあずかり識らぬことなのです。夏しか生きることができないセミは、夏を知っているという意識を持つことさえもないのです。同じように、どっぷりと誹謗正法のど真ん中にいる者は、正法を識らないのですから、自らの有様が誹謗正法そのものであっても、それを罪として認識することができない。誹謗正法を知ることができないばかりでなく、誹謗正法の中にいることを意識することもないのです。正法も誹謗正法も認識することができない、それがセミたる我々の実態なのです。

「知る者これを言うならくのみ」（聖典二七五頁）、正法を識る者のみが誹謗正法を語ることができるのです。では、私自身は、正法を識っていると言えるのか。私は口が裂けてもそんなことは言えません。だとすると、私自身が、正法とは何かを知らないまま、誹謗正法とはいかなる罪かということを知ろうとしていたのです。その姿はまさに、春秋を識らないがゆえに夏も知らないセミの姿以外の何ものでもありません。

曇鸞も同じ壁にぶつかったのではないか。阿毘跋致とは何かを知らないまま、阿毘跋致を求めてやまなかった。迷いの渦中にある者は、迷いそのものに気づくことができない。その不明を菩提流支に言い当てられて、浄土の教えに帰しました。そこから、正法を私たちの認識の対象として語ることは不可能であるということを思い知らされたのです。あたかもそれが可能であるかのように錯覚して、訳知り顔で正法を語る行為こそが、正法を誹謗する罪に他ならないのです。だから曇鸞は、誹謗正法の罪は救いから除外されるかという大きな問題提起をしておきながら、答えを突き詰めていった最後には何も言えなくなった。だからその語に言及することをあえてしなかったのです。ひと言でも語れば、それがそのまま誹謗正法の罪を犯すことになることに気がついた。ひと言も語らないことで、語

り得ない問題であるということを、身をもって示したのです。そして、

ただ念を積み相続して、他事を縁ぜざればすなわち罷みぬ、また何ぞ仮に念の頭数を知ることを須いんや。 （「信巻」聖典二七五頁）

と、念仏の回数やその他余計なことを考えずに、仏の名を称することに専念することを説いたのです。このように領解することで、私の疑問は氷解しました。また、それ以降の『教行信証』の展開も腑に落ちてきました。

言及すべきではないことには言及しないという態度の徹底は、報土という概念が提起されている「真仏土巻」の確かめにも通じる視点だと思います。

誹謗正法と抑止門釈の問答

『論註』の八番問答に依って唯除の問題を確かめた後には、善導の抑止門釈と呼ばれる問答が引かれて、同じように第十八願の唯除の問題、特に誹謗正法の罪を犯した者の往生の可否に踏み込んでいます。

以前私は、八番問答の終わり方が不充分なので、この抑止門釈の問答で足りない点を補足しているのではないかと考えていました。しかし「誹謗正法の問題には、立ち入って議

論すべきではない」という結論を曇鸞が出しているのだと領解できてからは、その結論を踏まえたうえで、なお残っている問題を剔出（てきしゅつ）しようとしているのではないかと考えています。残っているのは、「議論できない問題あるいはすべきではない問題を、あれこれと議論する者がいることを、どう考えるか」という問題です。

曇鸞の答え方は、一見するだけでは曖昧で何を言いたいのかがわかりにくいうえに、たとえその言わんとするところが、先に述べたような結論であることを理解したとしても、どうしても誹謗正法とはどのような罪であって、その罪を犯した者は往生できるか否かという疑問は残ります。本願に唯除の文がある以上、それをめぐる議論はなくならないのです。

善導は、本願に唯除の文があることについて、五逆と誹謗正法の罪は非常に重いので、それを未然に抑止するために唯除の文があるのであって、実際に見捨てるわけではないという視点に立って考えています。そして二つの罪の違いについて、すでに犯してしまった罪（已造業（いぞうごう））と、まだ犯していない罪（未造業（みぞうごう））という概念を提起して、五逆と誹謗正法を区別しています。已造業である五逆の罪については、八番問答と同じように『観経』の下品下生を挙げて、如来は見捨てることはないと言います。

また誹謗正法の罪については、

しかるに謗法の罪は未だ為らざれば、また止めて「もし謗法を起こさばすなわち生まるることを得じ」と言う。これは未造業について解するなり。（「信巻」聖典二七六頁）

と言います。誹謗正法の罪はまだ犯されたことがない罪である。その罪を犯して苦悩する当事者はいないし、あいつがそうだと指差される該当者もいない。まだ誰も犯すものがいない重罪を未然に抑止するために厳禁しているのだ、と言うのです。具体的に誹謗正法を犯したという罪の意識に苦悩する者がいないのに、それを犯しても救われるか救われないかという話をしても意味がないということです。

　このように念を押したうえで、善導はそれでもなお、もしこの罪を造ってしまったらどうなるかと踏み込んで問います。

もし造らば還りて摂して生を得しめん。（「信巻」聖典二七六頁）

と、万一その罪を造ってしまったら、やはり如来は浄土に生まれさせるであろう、と言います。「どんな者も必ず摂取する」、これが善導の阿弥陀如来観です。

仏智疑惑

「信巻」から「化身土巻」への展開

この後「信巻（しんのまき）」は五逆罪のことに触れて、御自釈（ごじしゃく）もなく途切れるかのように終わります。『教行信証』六巻の中で、御自釈を置かないで終わるのは、「信巻」だけに見られる特徴です。

『教行信証』の論述形式の基本は、まず御自釈で問題の所在を明確にし、その問題を経典や論書の引文で整理・確認し、最後にまた御自釈で締め括るという形になっています。ですから、ここに御自釈がないということは、課題は提起されているけれども、まだ締め括られていない問題があるということです。つまり「信巻」は未完結の巻なのです。

なぜそうなっているのか。それは「信巻」の展開が二つの流れに分岐していくからではないかと思います。一つは、「流れ２・本願力回向成就の相」の、「信巻」で阿闍世の救いが成就したところから「証巻」の確かめにつながっていく、本願力回向成就の相の前半の「往相の果相」への展開です。

もう一つは、これから述べる「流れ3・唯除と仏智疑惑」です。八番問答と抑止門釈で提起された問題には、「誹謗正法はどのような問題を引き起こすか」という重要な疑問が残っています。その「信巻」で完結していない問題を受けて、「化身土巻（けしんどのまき）」へと展開するのがこの流れです。

八番問答では、この疑問にはあえて言及すべきではない、というのが結論になっています。また抑止門釈では、仮定の話として「もし誹謗正法の罪を犯したとしても、阿弥陀如来は見捨てることはない」というのが結論です。

「信巻」が終ったところで流れが二つに分岐する理由は、この巻の主題である本願成就の文に、あらゆる衆生を往生させるという課題と、しかしこれこれの者は除外する唯除の問題という、相反する二つの内容が含まれているからです。一つは「流れ2・本願力回向成就の相」の、第十八願から第十一願・第二十二願へと続く、三願的証で提起された本願力回向成就の相の確かめです。もう一つは、「化身土巻」へと展開する「流れ3・唯除と仏智疑惑」です。これは仏法と衆生の間に避けがたく起こってくる行き違いのありようを明らかにするもので、第十八願・第十九願・第二十願という十方衆生を対象とした三願の関係を整理・確認することが課題となっています。「信巻」で未完結になっている課題を、「化身土巻」を立てて独立した問題として確かめていくのです。「信巻」に「信巻」としての締め括りの御自釈が置かれていないのは、ひとつの御自釈では締め括ることができないからではないか、と考えられます。

『親鸞の教行信証を読み解く』（明石書店）の講義をした段階で、「信巻」から「化身土巻」への展開については、誹謗正法とは何かという課題は仏智疑惑の問題につながっているという、直感的な見通しはあったのですが、確証があったわけではありません。最近になって、その見方を裏づける重要な視点を見落としていたことに気がつきました。

抑止門釈で、「もし謗法の罪を造ってしまったら、やはり如来は摂取する」とその救いを述べた後に、善導は次のような文言を続けています。

彼に生を得といえども、華合して多劫を径ん。これらの罪人、華の内にある時、三種の障あり。一つには仏およびもろもろの聖衆を見ることを得じ、二つには正法を聴聞することを得じ、三つには歴事供養を得じと。これを除きて已外は、さらにもろもろの苦なけん。
（「信巻」聖典二七六頁）

と、浄土に生まれたとしても、三つの制約があるとあります。一つは華に包まれたままで長い間その華が開かないので仏や諸々の聖衆にお目にかかることができない、二つ目は正法を聞くことができない、三つ目はさまざまな供養を受けることができないということです。それ以外は何も問題がないとされます。そして、華の中にありて、多劫開けずといえども、阿鼻地獄の中にして、長時永劫にもろもろの苦痛を受けんに勝れざるべけんや。（「信巻」聖典二七六頁）

と、多少の制約があったとしても、地獄に堕ちて終わりのない苦しみを受けることに比べれば、はるかによいだろうということです。

この後に『法事讃』が引かれて、

仏願力をもって、五逆と十悪と、罪滅し生を得しむ。謗法・闡提、回心すればみな往く、と。抄出（「信巻」聖典二七七頁）

と締め括られます。正法を誹謗する者も闡提も、回心すれば皆往生すると、すべての人を救うための本願であるという観点で善導は一貫しています。

「阿鼻地獄に堕ちて苦を受けるよりもましだ」という言い方は、どういうことかといえば、三つの制約は地獄の苦しみと比較されるほど重大な問題だということでしょう。それほどの大問題が、仏にあえない（仏宝）、法を聞けない（法宝）、供養を受けられないことです。供養を受けられないというのは、僧伽（僧宝）の一員として認められないということです。すなわちこの三つの制約とは三宝から隔てられるということで、これは、そのままでは仏に成れないということを意味します。「なんだそんなことか。仏に成れなくても、快楽を得て安穏にすごせるなら、それで充分だ」と思う人がいるかもしれません。

考えてみてください。そもそも私たちが浄土へ往生しようとするのは、そこでは誰でも仏に成ることが約束されているからです。仏にあい、法を聞き、僧伽の一員となる。この三宝との出あいが成就するのが浄土なのです。しかし、どれほど快楽が得られようとも、華の中にいる間は、三宝から隔てられたままなのです。これは仏に成るという根源的な課題から隔てられるということです。曇鸞はその姿を、夏のセミに譬えているのでしょう。そしてそれは他でもない自分自身であったという気づきが、八番問答の帰結です。これは仏道を歩まんとする者にとっては、致命的な問題なのです。

抑止門釈はこれまで何度も読んでいましたが、この三つの障りの部分は、さほど気にかけておりませんでした。ところが同じ三つの障りという問題が、「化身土巻」にも出てくるのです。その関係にまったく気がついていなかったのは、重大な見落としでした。

『大経』の最後の方（聖典八一頁）に、浄土に往生する者には胎生と化生という二通りの生まれ方があるといわれています。化生とは真実報土への往生を意味しますが、胎生は、胎宮という宮殿の中に生まれて、最高の快楽を受けるとされます。それについて、慈氏菩薩が、これは弥勒菩薩の漢訳名ですが、なぜそのような二通りの生まれ方があるのかと問うたことに対して、仏は次のように答えます。

もし衆生ありて、疑惑の心をもってもろもろの功徳を修して、かの国に生ぜんと願ぜん。仏智・不思議智・不可称智・大乗広智・無等無倫最上勝智を了らずして、この諸智において疑惑して信ぜず。しかるに猶し罪福を信じ善本を修習してその国に生ぜんと願ぜん。このもろもろの衆生、かの宮殿に生まれて寿五百歳、常に仏を見たてまつらず。経法を聞かず。菩薩・声聞・聖衆を見ず。このゆえにかの国土においてこれを胎生と謂う。

（聖典八一頁）

疑惑心をもって、さまざまな功徳を積んで、浄土に生まれたいと願った者が胎生するというのです。何を疑うのかといえば、仏の智慧です。「罪福を信じて」とは、悪いことを遠ざけ善いことを引き寄せようとすることです。この場合、善いこととは浄土に生まれたいと願うことを指します。その結果として胎生するのだというのです。この引文は『教行信証』の文脈の中では、第十九願の成就文として位置づけられています（聖典三二八頁）。お気づきでしょうか、「胎宮に生まれて五百年の間、仏にお目にかかることができない、経法を聞くことができない、菩薩や聖衆に出あうことができない」のです。すなわち三宝から隔絶されることになる。これは抑止門釈の謗法の罪を犯した者が、華の中に生まれて受ける三つの障りとほぼ同じです。私は、この両者が符合することを見落としていたのです。このことに気がついたことで、「信巻」で未解決であった誹謗正法の罪の問題が、「化身土巻」において仏智疑惑の者が胎生するという問題として引き継がれて展開しているという見方に、裏づけが得られました。

意識化されることがない罪

曇鸞と善導の問答で提起された、「誹謗正法は救われるか」という問題は、形を変えて「仏智疑惑」の問題として「化身土巻」に継承されます。「誹謗正法の罪とは何か」という疑問は、一般的には正法たる仏教に悪口をあびせたり、非難・排斥したりすることとされますが、「信巻」ではその疑問に答えようとせず、善導の引文の後に、

「五逆」と言うは、もし淄州に依るに、五逆に二つあり。一つには三乗の五逆なり。（「信巻」聖典二七七頁）

と、五逆の意味を確かめる引文が置かれます。これは永観の『往生拾因』に出てくる文言ですが、ここではその出典が示されていません。このように、「また云わく」もない形で出典が明示されないのは異例です。また、原文の中には十悪に関する記述もあるのですが、その部分は引かれません。ですから永観の『往生拾因』を引いたというよりも、この文言を借りて五逆の語に焦点を絞って確認しようとしているわけです。

この引文で目を引くのは、三乗の五逆とは別に、

二つには大乗の五逆なり。（「信巻」聖典二七七頁）

と二つに分けて確かめている点です。通常、五逆の罪として知られているのは、父を殺し、母を殺し、阿羅漢を殺し、和合僧（仏弟子の共同体）を破壊し、仏身を傷つける、という五つですが、ここではそれを三乗の五逆といい、それとは別に大乗の五逆があるというのです。

その大乗の五逆とは、

一、仏塔を破壊し、経蔵を焼き払う。および三宝の共有財産を盗み私物化する（仏宝の毀損）。

二、三乗の教えを非難し、否定する（法宝の毀損）。

三、出家の仏弟子を迫害する（僧宝の毀損）。

四、父を殺し、母を殺し、仏身より血を出し、和合僧を破壊し、阿羅漢を殺す（三乗の五逆）。

五、因果の道理を否定し、思いのまま悪業を重ねる（因果の道理の否定）。

と述べてあります。私たちが五逆罪だと考えていることは、四番目にまとめて出てきます。一般的に誹謗正法と考えられていることは、この一番から三番までの中に当てはまることではないでしょうか。五逆罪をこれほど幅広く捉えるならば、織田信長が、比叡山を破却し、経典や経蔵を焼きはらい、仏弟子を迫害したことなども、すべて五逆罪になります。しかも『教行信証』の中には、この後「誹謗正法」や「謗法」という語が再び登場することはありません。この「大乗の五逆」の確認を見てしまうと、五逆と誹謗正法にはどのような違いがあるのか、ますますわからなくなります。「信巻」を最後まで読んでも、いかなる行為が誹謗正法の罪であるのかは、わからないままなのです。

しかし「正法を識らぬ者は、謗法の罪を知ることはできない。それについて語ることもできない」という八番問答の結論を得てからは、この展開がさほど不思議ではなくなりました。

大乗の五逆として挙げられているのは、いずれも行為として現れる事柄ばかりです。つまり、この行為をした場合は誰の目にもわかる形になります。これは善導が言うところの「已造業（すでに造られた業）」です。身・口・意の三業、すなわち身体でしたこと、言葉で言ったこと、意で思ったこと、これらはいずれも、その行為をしたときには「した」という意識が生じます。つまり本人にはわかっているのです。善導は誹謗正法を「未造業（未だ造らざる業）」といいましたが、これは誰もまだ造っていない罪です。「未造業」には、行為をして（罪を犯して）いないことが含まれるのは当然ですが、行為をして（罪を犯して）いても、当人がそのこと（罪業性）に気づいていないことも含まれるのではないか。当人に罪の意識がなければ「罪を犯した」という認識も生じません。つまり誹謗正法の罪とは罪を犯したという認識がない罪なのです。八番問答の「蟪蛄春秋を識らず」の譬喩の結論には、

知る者これを言うならくのみと。

（「信巻」聖典二七五頁）

と述べられています。これを見て、私たちは「夏を知らないのはセミだけ」であって、自分は愚かなセミではないから春秋を知っていると思ってはいないか。しかし、私たち全員が夏しか生きられないセミであるとしたら、どうなるでしょうか。誰も春秋を識らず、したがって夏の意味も知らないのです。同様に正法を識るのは仏のみである。正法を識らない凡夫は、誹謗正法の罪を知ることができないのです。仮に目の前でその罪が行われていたとしても、当人も周囲の人もそれを罪だと認識することはないのです。誹謗正法とは、行為の有無の問題ではなく、誰もその罪業性に気づくことができない罪、いわば気づかれざる罪である。それが未造業なのです。

どんな行為も、それが「なされた」と認識されれば過去の行為になる。すなわち已造業です。親鸞が、三乗の五逆と大乗の五逆を区別したのは、大乗の五逆とされる一から三までの、一般には謗法の罪と考えられているような行為であっても、罪とされることをしたという認識が当事者にあるならば、大乗的見地に立てば五逆罪となると示したのです。誹

謗正法は、どこまでも自覚されることがない、いわば永遠に未造業なのです。

『法事讃』には、

謗法（ほうぼう）・闡提（せんだい）、回心（えしん）すればみな往（ゆ）く、（「信巻」聖典二七七頁）

といわれていますが、「なされた」行為であるならば、そのことを顧（かえり）みることはできます。しかし身に覚えがないことは、反省することも後悔することもありません。罪の意識がなければ、回心するということも起こりようがありません。

抑止門釈では、謗法の罪を犯した者が浄土に往生しても、華に包まれたままであるとされます。また「化身土巻」では、仏智疑惑の罪を犯した者は、浄土に胎生して胎宮に停滞するとされます。謗法の罪と仏智疑惑の罪とは、どちらも自身の罪が意識化され得ないあり方を指しているのでしょう。華の中にしても胎宮にしても、五百年も破られることがない強固な壁に囲まれるとされますが、中にいる者には壁として意識されることがない。自分の価値観がそこで完全に満たされているならば、誰も自分からそれを破ろうとはしません。その中に閉じこもることで、自分に違和感をもたらすような他者との交流を断ってしまう。だから壁の中は快適で安穏なのです。自己の立場を疑うことがないまま、壁の内から他者をあわれんだり敵視したりする。仏の目から見たら、そのような自己満悦こそが、誹謗正法の罪を犯している者の姿なのです。

認識の対象にならなければ、それを信ずることも疑うことも、また誹謗することもできません。最も深刻な問題は、自分自身ではその問題性に気づけないような形で、私たちの意識の深層にあるのです。ここで、「信巻」の誹謗正法と「化身土巻」の仏智疑惑という問題がぴったりとつながってきます。

仮に、私たちに正法についてなにがしかの理解があるとしても、その理解はまったく不充分である。しかし不充分であるがゆえに、その不充分さに気づくことができない。誹謗正法とは、正法に対する不充分な理解そのものなのです。では私たちにおいて正法に対する充分な理解が成立するかといえば、少なくとも曇鸞と親鸞は否定的です。なぜなら、彼らは誹謗正法とはどのような罪であるかを、語ろうとしていないからです。それは、夏しか生きられないセミとは自分自身の姿に他ならないということを知っていたからでしょう。

真実功徳が名号となって回向されて届けられる。それを受け取って、自らがその名を称する者となる。それ以外の形で凡夫と正法との関係が成立することはないというのが、この二人の結論なのです。こうして、教・行・信・証の四巻を一貫する確かめは、「ただ念仏のみぞまことにておわします」という一点に帰着するのです。

正法を知ると言えないがゆえに、誹謗正法に言及できないと見定めた。にもかかわらず、親鸞は「化身土巻」を開いてその問題に言及し、さらに確かめを進めていきます。言及できないという見定めと矛盾しているように見えますが、それは正法そのものを探求しようとしているのではなく、逆に、無自覚・無意識のうちに正法を我が立場としてしまうことがあるという問題を、明らかにしようとしているのです。なぜなら、正法について、「自分はなにがしかのことがわかっている」かのように振る舞ったり論じたりする人が現に存在しているからです。そのような凡夫の分限を逸脱したあり方を示すことで、問題の所在を明らかにするのが「化身土巻」の課題です。

なぜ「至心発願の願」なのか（流れ3）

第十九願の意義

宗教心の芽生え（発菩提心）

「化身土巻」冒頭の標挙には、第十九願「至心発願の願」と第二十願「至心回向の願」の二つが並べられています。法蔵菩薩の四十八願の中に、十方衆生にむかって呼びかける願が三つありますが、第十八願と、この二つがそうです。

第十九願の標挙は、

無量寿仏観経の意

至心発願の願　　邪定聚機
　　　　　　　　双樹林下往生
　　　　　　　　　　　　　（聖典三二五頁）

とあり、第二十願は、

阿弥陀経の意なり　不定聚機
至心回向の願　難思往生
（聖典三二五頁）

とあります。この二つの願は方便の願と位置づけられて、従来それほど重要な願とは考えられていませんでした。

第十九願は、

たとい我、仏を得んに、十方衆生、菩提心を発し、もろもろの功徳を修して、心を至し願を発して我が国に生まれんと欲わん。寿終わる時に臨んで、たとい大衆と囲繞してその人の前に現ぜずんば、正覚を取らじ。
（『無量寿経』聖典一八頁）

この願の趣旨は、「十方の衆生に、仏に成りたいという心が発って（発菩提心）、あらゆる努力精進を惜しまず（修諸功徳）、真剣に決意して（至心発願）、浄土に生まれたいと願うようになってほしい（欲生我国）。その人が臨終を迎える時に（臨寿終時）、阿弥陀如来が無数の聖衆とともに目の前に現れて、あなたをお迎えすることを約束する（大衆囲繞　現其人前）。このことが成就しないならば、私の正覚が完成することはない（設我得仏　不取正覚）」というものです。

親鸞以前は、この願は「修諸功徳の願」（功徳を積むことに努力精進することを願う）、あるいは「臨終現前の願」（臨終の際に阿弥陀仏が目の前に現れることを約束する願）等の名で呼ばれていました。

努力精進することを願うのは、ただ念仏申すことを勧める浄土の教えとは矛盾しますから、方便として軽んぜられたのは、ある意味で当然のことかもしれません。しかし、親鸞は、先ほどの「還相回向の願」と同じように、

また「至心発願の願」と名づくべきなり。

（「化身土巻」聖典三二七頁）

と、「名づくべきなり」と「亦可の名」と呼ばれる表現を用いて、この願に独自の名を提起しています。たしかに第十九願は功徳を修することをうながし、臨終にその人の前に現れることを約束していますが、それらがこの願の本旨ではなく、「至心発願」（真剣に発願すること）が眼目であると、親鸞は考えているのです。すなわち、あらゆる人の心の奥底に眠っている宗教心が発現することを待ち望む願なのです。ですから標挙にも、「修諸功徳」や「臨終現前」ではなく、「至心発願の願」を亦可の名として掲げているのです。

第十九願は、伝統的に「要門」と称されています。この「要」は、必要、重要の要で、また肝心要の要でもあります。もともとは扇子のたくさんの骨を一か所で止めてある部分を要といいます。この要があることによって、バラバラな骨がまとまりのある扇子という形になります。ですから第十九願が要門とされるのは、浄土を目指す者は誰もがそこ

を通らなければならない入り口だからです。

宗教心が芽生えて道を求めていくときに、必要欠くべからざる門という意味で、この名があるのです。「ただ名号を称えなさい」「念仏申しましょう」と勧めても、誰も見向きもしません。最初はどうしても、「頑張ればなんとかなる」と思い立つところからしか始まらないのです。

韋提希の発願

「化身土巻」の標挙にありますように、親鸞は、この「至心発願の願」は「無量寿仏観経の意（こころ）」（聖典三二五頁）と位置づけています。この経典の主人公は韋提希夫人（いだいけぶにん）ですが、彼女が願っていたのは、王子の母としての安泰であり、思い描いていた将来像は、国王の母として尊敬される姿だったのではないでしょうか。その願望が悲劇的な形で崩壊したのが、『観経』の説法の発端になった王舎城（おうしゃじょう）の悲劇です。

最大の願望が崩れ去ったときに、韋提希にはこの世の中には他に何の望みも見出せなかったのです。そこから釈尊に向き合うことが始まりました。世俗的な願望から、初めて宗教的な欲求へと目が向いていったのです。この韋提希に菩提心が発起した姿を見出した。

そして、すべての人に韋提希と同じことが発ることを願うのが第十九願であると、親鸞は見たのです。だから標挙で、この願を「至心発願の願」と名づけ、「無量寿仏観経の意」としたのです。

目的と動機づけが明確になれば、人間は自ずから努力精進するようになります。それは宗教的欲求の場合であっても同じです。ただし、最初は、何をどうすればいいのかわからないわけですから、目標もそれを目指す手段も、他人から教えてもらうか、そうでなければ、自分で考えてやろうとしたりします。つまり、宗教的欲求といっても、煩悩が欲するところの延長線上にあるといわざるを得ません。韋提希の場合は、

我いま極楽世界の阿弥陀仏の所に生まれんと楽う。

（『観無量寿経』聖典九三頁）

と、「極楽世界の阿弥陀仏のもとに生まれたいとねがう」と言いますが、それは韋提希が想像する極楽であり阿弥陀仏でしかありません。世俗的な欲求心が欲するままに、それが何であるか、よくわからないながらも、自分が思い描いた理想像を追い求めることが始まったのです。世俗的な関心事が破綻して、娑婆世界に望むべきことが見出せなくなったときに、自分の中にあった欲求する心がそのまま宗教的な関心へと転換したわけです。多くの問題を孕んではいますが、それでも間違いなく宗教心の萌芽なのです。

世俗的欲求と宗教的欲求は何が違うのか。単純で明確な違いは実現の可能性です。世俗

的欲求は、生きている間に実現可能なこととして追求できます。たとえばオリンピックで金メダルを取るという目標は、多くの選手は無理であっても、それを目指した人の中から誰か一人は必ずそれに手が届くのですから、人間にとっては実現可能な目標です。しかし、韋提希が望んだ極楽世界は、誰かが必ず達成できるわけではありません。そうであるがゆえに宗教性を帯びてくるのです。この点が、試験の合格とか大会での優勝、あるいは社会正義の実現などのような、いわゆる実現可能な目標達成のための努力との決定的な違いです。第十九願にいうところの発菩提心は、煩悩に根差した主観意識の中に思い描かれた宗教的関心ではありますが、それでも世俗意識の願望とは明らかに一線を画します。私たちの宗教心は、このような形でしか始まらないのです。その菩提心が私たち一人ひとりのうえに発(おこ)ることを願うのが、第十九願です。

釈尊が王子の立場を捨て出家したのは、国王になることでは解決し得ない問題が人間の根底にあることに気がついたからであろうと思います。法蔵が「国を棄(す)て、王を捐(す)て」たところから求道(ぐどう)の歩みが始まるのも、法蔵が釈尊と同じ問題意識の持ち主であるということを象徴的に示しているのだと思います。極楽世界を求め始めた韋提希もまた、国王の母になる願望が崩れ去ったのです。

釈尊や法蔵にしても、道を求めたときに、最初から何をどうすればいいのかわかっていた。釈尊は何年もご苦労されました。また世自在王仏というよき師に出あえた法蔵も、道が開け、方向が定まるまでには五劫の時が必要であったとされます。釈尊も法蔵も、道を求めて歩めば必ず結論が得られるという確証があったわけではありません。宗教的欲求とは、答えを求める歩みでありながら、それが得られる確証のない歩みなのです。そして、その道は、どうすればいいのかを誰も教えることができません。無数の人が同じようにして道を歩んできた後ろ姿を見ることはできますが、それさえも自分自身の道にはなりません。すべての人にとって、この道は初めての、そして未知の道なのです。

宗教者のボランティア活動や政治的活動などの社会参加に対して、否定的な立場をとられる方の中に、しばしば第十九願の「修諸功徳」とそれらの活動とが同じであるかのように考えている方がいます。しかしそれは、世俗的欲求と宗教的欲求とを混同しているといわざるを得ません。世俗的にせよ宗教的にせよ、欲求実現を求める以上、どちらもよりよき結果を得ようと努力精進するという点は共通していますが、異なるのは、どのような結果を求めているかという点です。政治的活動や社会的運動の場合、目指すのは具体的な形として実現可能な目的です。しかし、第十九願において求めるのは「欲生我国」、すなわち阿弥陀仏の浄土に生まれることです。しかもそれが与えられるのは「臨終の時」とされます。つまり現世においては実現しない目標であるにもかかわらず、それを求めて努力精進をするようになることが願われているのが第十九願なのです。そしてこの点に世俗的な欲求と宗教的要求との境目があります。努力次第で実現可能なことを目指すのが、ここでいう世俗的な目標です。もちろんすべてが思い通りに成功するわけではありませんが、なんらかの形で達成可能な目標として設定されます。

ですから世俗的欲求については、世俗的欲求として実現方法を考えて追求していけばいいのです。それに対して宗教的な教義や論理を援用して否定的に語ることは、無意味であるだけではなく有害なのです。それは逆に、世俗的欲求に対して肯定的に語る場合にも当てはまります。促進的方向であろうが抑制的方向であろうが、宗教をその根拠として世俗的な欲求の実現に利用しようとしてはいけないのです。なぜなら、特定の課題に対して、賛成する者がいても反対する者がいても、如来の本願はどちらか一方を排除することはないからです。

発菩提心の行方

欲求の実現を目指す意欲は、好ましい結果を得ようとする期待のうえに成り立っています。「好ましい」というのは私たちの主観に他なりませんが、この「好ましい」という主観は、しばしば「正しさ」という客観性や正当性を装った表現に置き換えられて主張されることがあります。この「正しさ」という思い込みがあるからこそ、努力精進できるのですが、「正しさに立つ」という思い込みが、第十九願の限界でもあります。第十九願の成就では、この思い込みが、結果的にどうなっていくか、ということが取り上げられています。そのあり方は、いくつかの引文で確認されていきます。最初に、

> この願成就の文は、すなわち三輩の文これなり。『観経』の定散九品の文これなり。
> （「化身土巻」聖典三二七頁）

とあります。これは『大経』の下巻の三輩段（聖典四四～四六頁）と『観経』の上品上生から下品下生（聖典一一二～一二二頁）を指しています。しかし、これを指示するだけで、具体的な内容には触れられていません。「周知のことだから、あえて内容を引かなくてもわかるだろう」ということなのかもしれませんが、その内容を知らない人にとっては不親切です。

ここで指示されている「三輩の文」や「定散九品」と呼ばれる経文には、人間が、それぞれの能力や資質に応じて、往生浄土のために努力精進する姿が描かれています。「修諸功徳」を願うのがこの願ですから、努力精進する姿そのものが、まさにこの願の成就なの

です。結果については「臨終の時に阿弥陀如来がその人の前に現れる」とありますから、努力が報われるのか失敗に終わるのかは、臨終の時までわからないことになります。つまり最期の瞬間にならなければ結果の成否がわからないのです。

その次に置かれているのは道場樹の文といわれる、

> また『大経』に言わく、また無量寿仏のその道場樹は、高さ四百万里なり。その本、周囲五十由旬なり。
> （「化身土巻」聖典三二七頁）

云々という文言です。これは『大経』の文脈では第二十八願の成就文であって、経典の文脈では第十九願と直接的な関係はありません。それを、親鸞は第十九願の成就文として「化身土巻」に引いているのです。

第二十八願は、

> たとい我、仏を得んに、国の中の菩薩、乃至少功徳の者、その道場樹の無量の光色あって、高さ四百万里なるを知見すること能わずんば、正覚を取らじ。
> （『無量寿経』聖典二〇頁）

という内容です。道場樹とは、釈尊がその下で悟りを開かれたと伝えられている菩提樹のことです。釈尊と同じように悟りを開こうと修行に励む者にとっては、釈尊の成道を象徴する樹とされます。第十九願のように悟りを目指し努力精進する者にとって、道場樹とは、いわば理想的な修行環境を意味します。それが浄土で実現することを願うのが、第二十八願です。

この願成就がなぜ第十九願の成就と結びつくのか。それは、第二十八願に「少功徳の者」がこの道場樹を見るとされているからだと思います。親鸞は、この「少功徳」と第十九願の「修諸功徳」が重なっていると見て、第十九願の成就文と位置づけたのではないかと考えられるのです。

そして、この道場樹を見る者には、本願力によって「音響忍」「柔順忍」「無生法忍」という三法忍が得られるとされます。これも努力精進の結果として浄土において得られる功徳を表しています。

問題は、その次に引かれる胎生・化生の引文です。直前の道場樹の文の最後は、

清浄香潔にして、味わい甘露のごとし、と。（「化身土巻」聖典三二八頁）

とあって、締め語がありませんから、これに続く胎生・化生の引文もまた、第十九願の成就文として一連の引文群という位置づけになっているとみる必要があります。この胎生・化生の文を引くにあたって、化生についての記述や、胎宮に入った者がそこから抜け出そうとする記述が「乃至」で省かれて、胎生の問題だけが抽出されて引かれていきます。この中に仏智疑惑のことが出てくるわけです。

この引文群は、

この願成就の文は、すなわち三輩の文これなり。『観経』の定散九品の文これなり。

（「化身土巻」聖典三二七頁）

から始まり、胎生・化生の引文の終わりに、

弥勒、当に知るべし。それ菩薩ありて疑惑を生ぜば、大利を失すとす。已上抄出

（「化身土巻」聖典三二九頁）

と、「已上抄出」の締め語があるところまで続きます。ですから、締め語までの範囲に一つの主題があると見ると、「三輩の文」から胎生の問題まで含めて、一貫して第十九願の成就文であるわけです。

『大経』の次には『如来会』が引かれ、同じように「乃至」によって胎生のみに焦点を絞った確かめがありますので、親鸞は、この問題を非常に丁寧に確かめていることが見て取れます。

「胎生」の「胎」とは、母親の胎内と同じ意味です。そこは一切の苦悩がなく考え得る最上の快楽が与えられるところです。まさに極楽です。ならば何の問題もなさそうですが、そうではありません。その中がどれほど快適で居心地がよくても、外界から隔絶し閉じられた世界です。何から隔てられているかといえば、仏に出あえない、経法を聞くことがで

きない、共に仏道を歩む者に出あうことができないという仏・法・僧の三宝からです。

この三つの宝から隔てられるとは、浄土に生まれたとしても仏には成れないという致命的な問題があるということです。快適であるならば仏に成れなくてもかまわないという声が聞こえてきそうですが、そもそも私たちは、なぜ浄土に往生しようとするのか。仏教は、悟りを開いて仏陀と成られた釈尊を見ならって、自らも仏に成る道を歩んでいこうとする教えです。成れるか成れないかの問題ではなく、たとえ成れない身であっても、そのような生き方を志す、それが仏教です。浄土への往生を勧めるのは、そこが誰でもどんな者でも分け隔てなく成仏させようとする願いによって成り立つ国土であるからです。しかし胎宮に生まれると、閉ざされた世界の中で極上の快楽を享受し、それに満足してしまう。三宝にまみえることから隔てられて、仏に成るという原点を見失ってしまうのです。浄土に生まれながら、閉ざされた世界に陥ってしまう。この点において、誹謗正法と仏智疑惑は問題性が共通しているのです。

なぜ胎宮に生まれて長い間出られなくなるのか。『大経』では、

> この諸智において疑惑して信ぜず。しかるに猶し罪福を信じ善本を修習してその国に生ぜんと願ぜん。（聖典八一頁）

と、「仏智を疑惑して信じず、しかもなお罪福を信じて善本を修めて浄土に生まれようと

願う」からだといわれます。仏智を疑い、仏智に惑うとはどういうことなのか。「仏教なんか信じられない」「わけもわからずナムアミダブツと称えたって意味がない」と、仏教に対して批判的な言動をすることが仏智疑惑なのでしょうか。

『論註』の「蟪蛄春秋を識らず」（聖典二七五頁）の譬喩を思い出して下さい。セミは夏を生きながら、夏を知っているとはいえない。なぜなら春と秋を識らないからである、という趣旨でした。この譬喩は、仏智と仏智疑惑の関係についても、まったく同じように当てはまります。

正法と同じように仏智を知るのは仏のみです。私たちは仏智という言葉を知っていても、実は仏智そのものについてはよくわかっていません。にもかかわらず仏智や正法を自分の側に引き寄せて、あたかも知っているかのように自信満々に振りかざす。それこそが仏智疑惑であり誹謗正法の罪の姿なのです。知らず識らずに、そこに陥ってしまうのですからやっかいです。

仏智を疑惑する者が胎宮に生まれるとされる問題は、宗教における自己意識に関わる奥が深い問題であるということはわかるのですが、それが第十九願の問題であるのか、という疑問があります。親鸞が撰述した『浄土三経往生文類』という書物では、三輩往生の抜書きと道場樹の文と『往生要集』の懈慢界の文が第十九願の成就文として引かれています（聖典四七二～四七三頁）。これらの文は『教行信証』の要門と同じ扱いです。ところが胎生・化生の文言はそこにではなく、第二十願の成就文として位置づけられています（聖典四七四頁）。『教行信証』とは扱いが異なるのです。真宗の教義を学んできた私は、この『浄土三経往生文類』の影響を受けていますので、当初は胎生の問題を第十九願と結びつける『教行信証』の展開に違和感がありました。しかし『教行信証』では、それを第十九願のところに引かれていることを、締め語までを一括りとして見る視点から見れば、親鸞は、第十九願の成就文と位置づけていることは間違いありません。

第十九願は、娑婆世界の価値観や意欲から、関心の方向に転換が起こることを願う内容です。しかし、宗教的欲求が生じても、思考方法や発想は変わらないままですから、実現しようとする方法を考えて実践するにしても、まだ世俗的な発想のままです。つまり、何らかの努力精進を積み重ねることでその目的に到達しようとするのですから、いわば行に対する信頼、すなわち「努力は必ず報われる」とか「努力なしに目的は達成できない」という確信や信念のうえに、この願が成り立っているわけです。このような意欲は、仏教を信じている、あるいは信じたいという自分の思いから出てきています。信じようとしているからこそ、真面目に努力できるのです。第十九願では、この意欲が発ってくることを私たちに願っているのです。しかし、ここで信じようとしているのは、仏智ではなく自分自身の意志や能力に他なりません。自分が積み重ねることで得られるはずの、行の効果を信じているのです。いわば「行の宗教」です。その努力精進を積み重ねることを宗教的実践だと考えているのです。親鸞は、その「行」の成果に対する揺らぐことのない信念に、仏智に対する疑惑を見ているのです。

このように言われてしまうと、何もできなくなります。しかし、その姿を全面的に否定しているわけではありません。自らの迷いを知らず、意識することもできないというのが、仏教における人間観の基本です。そのうえで、すべての人間の内に宿る宗教心が、目を覚ましてほしい。そしてまず、その宗教心のおもむくままに努力精進に励んでほしい。そのように願っているのが第十九願の意なのです。セミは春と秋を識らなくても、夏の日ざしを受け、大きな声で鳴き、ここぞとばかりに夏を謳歌しています。夏の意味を知ろうが知るまいが、春秋を意識しようがしまいが、暑い夏のただ中を生きる事実は変わりません。春秋のことなど気にかけず、精一杯夏を生きる姿がそこにあるのです。

ただ念を積み相続して、他事を縁ぜざればすなわち罷みぬ　（「信巻」聖典二七五頁）

とは、念仏にも同じ姿を重ねて見ているのではないかと思います。

往生を願う心の行方

迷いを生きる人間が真実を求めようとするところに、宗教心の発現があります。すべての人に、その歩みが始まることを願うのが第十九願です。しかし、真実を求めるといっても、実は誰も真実とはどういうことであるかを知らないわけで、知らないまま求め続けることになります。

第十九願の成就文（じょうじゅもん）として取り上げられている『大経』の「三輩（さんぱい）の文（もん）」と「『観経』の定散九品（じょうさんくほん）の文（もん）」は、さまざまな格差を生きる人間の姿を表しています。それぞれバラバラな生き方をしている者に宗教的な欲求が発って、その実現のために努力精進するようになることを願うのが第十九願なのです。しかし持って生まれた能力や資質も、また積み重ねられた経験や知識も、もともとバラバラなのですから、その努力精進のありようもまたバラバラになります。努力精進の内容や質に格差が生じるバラバラな姿が描き出されている三輩の文の中に、共通点を見出した人が二人います。一人は曇鸞で、もう一人は源信です。

曇鸞の指摘は「信巻（しんのまき）」に引かれており、

> 三輩生の中に行に優劣ありといえども、みな無上菩提の心を発せざるはなし。この無上菩提心は、すなわちこれ願作仏心なり。（聖典二三七頁）

とあります。

『大経』の三輩の文には、上輩・中輩・下輩のいずれにも「菩提心を発し」という文言があります。

> おおよそ三輩あり。その上輩というは、家を捨て欲を棄てて沙門と作り、菩提心を発し、一向に専ら無量寿仏を念じ、（筆者中略）無上菩提の心を発し功徳を修行してかの国に生まれんと願ずべし。（聖典四四～四五頁）
>
> それ中輩というは、（筆者中略）当に無上菩提の心を発し一向に専ら無量寿仏を念じ、（聖典四五頁）
>
> その下輩というは、（筆者中略）当に無上菩提の心を発して一向に意を専らにして、乃至十念、無量寿仏を念じてその国に生まれんと願ずべし。（聖典四六頁）

このことから、曇鸞は「三輩生の中に行に優劣ありといえども、みな無上菩提の心を発せざるはなし」と言います。行じていることには優劣の格差があるが、無上菩提心がすべてに共通している。行はバラバラであるけれども、なぜ行をやるのかという原点に着目すれば、仏に成らんとする菩提心が因となっているというのです。因なくば果なしの観点から、行の多様性にではなく、その行が由来する因に共通点を見出したのです。これは重要な指摘です。

もう一人の源信の指摘は、「行巻」に引かれています。そこには、

> 三輩の業、浅深ありといえども、しかるに通じてみな「一向専念無量寿仏」と云えり。（聖典一八八頁）

とあります。これも「三輩の業、浅深あり」と、まず多様性があることを指摘したうえで、「しかるに通じてみな一向専念無量寿仏と云えり」と言います。行として修されることには違いがあるけれども、「一向に無量寿仏を専念する」ということが共通しているというわけです。『大経』の三輩段を見ると、たしかに上輩・中輩・下輩のいずれにも、この文言があります。浄土に往生することを願うからには、「一向専念無量寿仏」を外すわけにはいかないのです。阿弥陀仏の願いがそれを要請しているからです。人間は格差を生きる生き物ですから、何かを思い立って、それを実現しようと努力すれば、必ず努力の内容に格差が生じます。しかし努力の内容はバラバラであっても、すべての努力が「欲生我国」という方向に向けられているがゆえに、「一向専念無量寿仏」という共通点があることに、源信は注目しました。

第十九願が歩みの出発点と位置づけられる浄土教は、因と果に共通点があるという、こ

の二人の指摘によって、人間の能力や資質の格差が意味をもたない教えであるということが確認されているのです。

このように、菩提心の発現として、もろもろの功徳を修することによって往生を願う第十九願は、「一向専念無量寿仏」へと必ず帰結することになり、「一向専念無量寿仏」のみを願いの内容とする第二十願へと展開していきます。

第十九願には、努力精進の最終的な結果は、臨終を待たなければ明らかにならないと述べられています。何かわからない結果を、誠実かつ真剣に求める。しかもその方法についても、確実なことは何もわからないのです。目的もわからない、方法もわからないにもかかわらず、真剣に努力して求める。そこに「迷い」の核心があります。

人間の心の中には、空虚さや欠落感を生ずる底知れない穴があります。そして人間は、その穴を埋めようとせずにはいられません。若くて元気で、新しい知識や経験を積んでいくことができ、その穴が埋まる可能性があると思える間は、あまりその穴を気にしないでいられます。たとえばスポーツや趣味に打ち込んだり、遊びや恋愛に心が奪われたり、仕事や子育ての忙しさに追われたりしていると、その穴を意識しなくてもすむわけです。ところが、そういうことで気を紛らせることができない人は、ギャンブルやお酒で穴を塞ごうとするかもしれません。生きていくということは、空虚さの穴を埋め続ける営みであるといえるのかもしれません。

悲劇に見舞われた韋提希は、自分が思い描いていた将来像が完全に打ち砕かれて、目の前の大きな穴に気がついてしまったのです。それまでも、時々は釈尊の説法を聞いていたかもしれませんが、自分に関わりのある教えとして聞こえていなかった。心の中の穴を埋めるものが何も見当たらなくなった時、初めて釈尊の言葉に心が動いたのでしょう。それが第十九願で願われる「発菩提心」すなわち宗教心の発露です。その宗教的欲求を実現するために「さまざまな功徳を修する」という努力を重ねても、現世での成就は約束されていません。それが宗教的欲求たるゆえんです。成就はどこまでも不確実なのです。その不確実性ゆえに、どこかで努力精進は挫折もしくは妥協に終わります。そこに第二十願に帰結していかざるを得ない理由があります。

第二十願は「真門」といわれますが、願の内容は、

> ここをもって『大経』の願に言わく、設い我仏を得たらんに、十方の衆生、我が名号を聞きて、念を我が国に係けて、もろもろの徳本を植えて、心を至し回向して、我が国に生まれんと欲わん。果遂せずは正覚を取らじ、と。（「化身土巻」聖典三四七頁）

とあります。この中には、語として「称名」も「念仏」も出てきませんが、親鸞は、この願文を引く直前の御自釈で、

「徳本」とは如来の徳号なり。この徳号は、一声称念するに、至徳成満し、衆禍みな転ず、十方三世の徳号の本なり。かるがゆえに徳本と曰うなり。

（「化身土巻」聖典三四七頁）

とおさえています。この確認を受けておりますので、親鸞の中では、第二十願の「もろもろの徳本を植えて」という文言が「一声称念する」という意味になることは、いうまでもありません。さらに「心を至し回向して」というのは、念仏する功徳を振り向けて往生を願うということです。そして「果遂せずは」とは、その思いは必ず果し遂げられるであろうと約束しているのです。この内容は、『阿弥陀経』に説かれる、

少善根福徳の因縁をもって、かの国に生まるることを得べからず。（筆者中略）名号を執持すること、（筆者中略）一心にして乱れざれば、その人、命終の時に臨みて、阿弥陀仏、もろもろの聖衆と、現じてその前にましまさん。この人、終わらん時、心顛倒せずして、すなわち阿弥陀仏の極楽国土に往生することを得ん。（聖典一二九頁）

すなわち、「多少の善根功徳を積むことでは浄土に往生できない。一心不乱に念仏を称えることで、命終わる時に、阿弥陀仏や諸仏が必ず迎えにきてくれて、迷うことなく極楽に往生できる」という往生論と軌を一にしています。

極難信の法から問われる信（流れ3）

第二十願の意義

罪福を信じて念仏することは否定されるのか

「化身土巻」では、第二十願の文が引かれ、それに続いて、二つの文が引かれます。一つは、

また言わく、この諸智において疑惑して信ぜず、しかるになお罪福を信じて、善本を修習して、その国に生まれんと願ぜん。このもろもろの衆生、かの宮殿に生まる、と。（聖典三四七頁）

という『大経』の胎生・化生の問題のところに出てくる文です（聖典八一頁）。これは先ほどの第十九願の成就文（聖典三二八頁）のところにも出てきました。

もう一つは、

また言(のたま)わく、もし人善本なければ、この経を聞くことを得ず。清浄(しょうじょう)に戒をたもてる者、いまし正法を聞くことを獲(え)ん、と。已上　（聖典三四八頁）

です。これは『大経』の下巻にある「東方偈(とうぼうげ)」（聖典四九頁）の中の一節です。この二つの引文については、従来から、どのように解釈してどのように位置づけるかということが問題になっていました。

　この問題を考えるうえで、最初にはっきりさせておく必要があるのは、「罪福信」という特定のあり方を意味する「信心」があるのではないということです。これは「罪福心を信じる」ということです。「罪福心」とは、よき結果をもたらす善を求め、悪しき結果をもたらすことを避けようとする心です。この心は常に裏と表がセットになっています。たとえば、健康を願うのは病気を避ける気持ちとセットになりますし、商売繁盛を願うのは失敗して損をしたくない気持ちとセットになります。このような心は、どんな人の中にもあります。そしてその心があること自体は、必ずしも悪いわけではありません。問題は「その心を信じる」ということです。この場合の「信じる」とは、自分の価値観の中心に置くことです。「欲しいか欲しくないか」「したいかしたくないか」という罪福の心があること自体は善でも悪でもないのですが、その心を物事の判断や行動の選択の基準とすることに問題があるのです。つまり欲求充足と嫌悪感に振り回される生き方をよしとして疑わないあり方です。実は往生を願い地獄に行きたくないというのも、これと同じです。第二十願では、そのことを「罪福を信じて」といっているのです。

では、どういうことが問題になるかというと、二番目の文では、「諸智を疑惑して信ぜず」とか「罪福を信じて善本を修習して往生を願うと、かの宮殿に生まれる」とあり、三番目の文では「善本がなければこの経を聞けない」とか「清浄に戒をたもつ者でなければ正法を聞けない」という内容になっています。これらを読めば、普通は第二十願の内容について否定的な見方が生じます。ですから従来は、第二十願に描かれるあり方は自力の執心や仏智を疑惑する姿であるから、そこから脱却して正信に立たなければならないと、大方はこのような趣旨で理解されてきたと言っていいと思います。

この三つの文の後には、『如来会』からも第二十願が引かれていますので、『大経』のこの二つの引文がなくて、『大経』と『如来会』の第二十願が並んでいる方が、はるかにすっきりと読めます。なぜこの『大経』の三つの引文の関係がわかりにくいのか。それは、この三つの文を、それぞれ独立した確かめとして見るからです。

最初に申しましたように、私は、『教行信証』の意味のまとまりの最小単位は締め語であると考えています。関連性がはっきりしない引文が続いているように見えても、締め語が出てくるまで主題は一つである。これは、『教行信証』を読むうえでの文章論として動かしてはならない原則であると私は考えています。

そうしますと、この三つの引文の途中には締め語がありません。「東方偈」の引文の最後に「已上」とあるだけで、締め語は一つあるだけです。だからこれらの引文も、一つのまとまりのある確かめとして見ていく必要があるのです。

この三つの引文でもう一つ注意しておく必要があるのは、この三つの文言が、経典に出てくる順番と配列が違っている点です。三番目に置かれる「東方偈」の文は下巻の最初の方の文言ですが、二番目の仏智疑惑の文言は下巻の最後の方に出てきます。ですから、この配列の順序にも何らかの意図があると見る必要があります。

三つの引文に、内容的な共通性や統一感、あるいは一貫性も見出せないので、私には、なかなかそれらの関係性がわかりませんでした。しかし一つの締め語で一つの主題という原則を動かさないで、この三文を貫く主題を見出そうとしていたら、これらの中に共通する語が見つかりました。それは「徳本」と「善本」です。この語に着目できたことで、それまで感じていた不統一感が消えました。

徳本については先ほど「如来の徳号なり」とおさえられていると述べましたが、善本についても、

「善本」とは如来の嘉名なり。この嘉名は万善円備せり、一切善法の本なり。かるが

ゆえに善本と曰うなり。（「化身土巻」聖典三四七頁）

と確認されています。これは、御自釈の展開の中では、

それ濁世の道俗、速やかに円修至徳の真門に入りて、難思往生を願うべし。真門の方便について、善本あり徳本あり。（「化身土巻」聖典三四六頁）

とあるのを受けて出てくる確認ですが、当然のことながら、その後に引かれる『大経』の三つの引文に、これらの語が出てくることに先立つ確かめであることは、疑問の余地がありません。だとすると徳本または善本が出てくるこの三つの引文は、いずれも「名」か「号」を意味する語が含まれるという共通点があるのです。その共通点に視点を定めて、あらためて見ていきますと、この三つの引文には、この順番でなければならない展開があることがわかります。

最初の第二十願は、浄土に往生したいと願い一心に称名念仏することを願う、と文字通りの意味に理解すればいいと思います。

次の引文では、そのような念仏は、仏智を疑惑して本願を信じていない念仏の仕方であり、しかも罪福を信じてする念仏にすぎない。そしてそのような念仏をする者は胎宮に生まれる、というのです。つまり浄土に生まれたいと願って念仏することは、仏智を疑惑する所為であり、罪福心に振り回されている信心にすぎないと、第二十願を強烈に否定する

内容です。通常の第二十願の理解は、だいたいここで終わっています。そのように読むと、三番目の「東方偈」の引文は完全に浮いてしまいます。あってもなくても大差なく、どちらかといえばない方がすっきりします。

そこで「東方偈」の文を、「善本＝如来の嘉名」という視点で、あらためて先の二文からの一連の確かめとして見るとどうなるか。二番目の引文で「疑惑の心で、罪福信に催された念仏」であると否定されているように見えるけれども、この三番目の引文で「如来の嘉名」たる名号がなければ衆生はこの経説を聞くことができないと、もう一度ひっくり返っているように見えるのです。

そもそも私たちは仏法に無縁の存在として生きている、というのが浄土教の基本的な人間観です。仏法を聞いてもどこ吹く風ですし、少しその気になって聞き始めても、どこまでも自分に都合のいいような聞き方しかしない。そんな箸にも棒にもかからない者が、仏法に出あい教えを聞くことができる唯一の手がかりが、名号だといえるのです。

「東方偈」の「清浄に戒をたもてる者」というのも、親鸞の意図を汲んで解せば、出家の戒律を指すのではなく、「名号を忘れるな」という仏の戒(いましめ)の意味です。

この後に『観経』が引かれますが、そこに、

『観経』に言(のたま)わく、仏、阿難(あなん)に告げたまわく、「汝(なんじ)好(よ)くこの語(ことば)を持(たも)て。この語を持

てというは、すなわちこれ無量寿仏の名を持てとなり」と。已上

（「化身土巻」聖典三四八頁）

とあります。この「無量寿仏の名を持て」こそが、この経において私たちが聞くべき唯一の仏の戒なのです。ですから、二番目の引文で、いったんは否定的に語られますが、そうであったとしても、仏法と私たちとをつなぐ架け橋は名号以外にはないのだと重ねて勧めてくるのです。このように三つの引文の一貫性を見定めて読むことで、第二十願の念仏の意義を明確に述べる展開があることがわかります。

従来からいわれてきたように、第二十願の「浄土に生まれたいと切望してひたすら念仏する」というあり方には問題があります。しかし、どれほど問題があるとしても、名号がなかったら、私たちは仏の教えを聞くことができないし、名号があればこそ、この教えに出あえるのです。ですから、第二十願は決して否定的な意味ではなく、むしろ積極的にそのような念仏を私たちに勧めるためにある願なのです。だからこの三つの引文は、主題が一貫する一つの確かめとして読む必要があるのです。

非常に読みにくいといわれてきたこの三つの引文に密接なつながりがあることを見出せたことで、「一つの締め語で一つの主題」という視点が重要であるとの思いがますます強くなりました。

『阿弥陀経』の隠れた意義

仏の教えを聞こうともせず、聞いたとしても、どこまでも得手勝手に受けとめてわかったつもりになる。如来回向の念仏でさえも、我が思いの中に取り込んでしまう。そういう私たちのためにこそ、善本（＝名号）があるのです。たとえ、自らの欲求に催されてする念仏であっても、それなくしては、私たちは仏の教えとのつながりが持てない。だからこそ、「我が名を称せ」という「教え（戒（いましめ））」に誠実に向き合うことでしか、仏の正法を聞くことができないのです。私たちの思いはどうであれ、とにかく「南無阿弥陀仏」と名を称え仏を念ずることを十方衆生に願い、どのような称え方であってもかまわないからと念仏を勧めるのが第二十願なのです。

しかし、親鸞は、第二十願を手放しで全面的に肯定しているわけではありません。一連の三つの引文の二番目に「諸智において疑惑して信ぜず」とか「なお罪福を信じて、善本を修習して」などとありましたが、その問題性を、この後、「難信」という語に焦点を当てて確かめていきます。親鸞はまず、『阿弥陀経』には「顕彰隠密（けんしょうおんみつ）の義（ぎ）」があると言います。これは、この経を「顕」と「彰」の二つの意義から確認しなければならないという意味です。

「顕」は顕著の顕ですから、「顕」の義とは、文言の上に明白に現れているという意味です。それについては、

> 「顕」と言うは、経家は一切諸行の少善を嫌貶して、善本・徳本の真門を開示し、自利の一心を励まして、難思の往生を勧む。
> （「化身土巻」聖典三四四頁）

とおさえます。この経はさまざまな行を少善であると嫌い貶めて、善本・徳本を開いて一心不乱に念仏申すことを勧めているということです。「自利の一心」とは、とにかく自分がすくわれたいという思いです。その思いを否定するのではなく、励ますのです。そうやって、難思往生を勧める。それが、『阿弥陀経』の説法に明白に示されている趣旨であると確認しています。

そのような念仏は、方便だからだめだと否定するのではなく、問題があるかもしれないけれども、その思いを励まし勧めている。なぜなら、如来の名がなければ、私たちは仏の教えを聞くことさえできないからです。名号との出あいを契機として、初めて浄土往生の歩みが始まるのです。

そして「彰」の義とは、「彰」は、文言の上には明白に現れていない重要な意義があるという意味です。いわば「隠密のメッセージ」です。

なぜこのようにやっかいな読み方をする必要があるのか。それは、言葉になっていても、素直には伝わらないことがあるからです。端的にいえば、この『阿弥陀経』の顕の義である「ただひたすら念仏しなさい」という説法を聞いても伝わるとは限りません。ほとんどの人は聞き流してしまうからです。私たちは、自分の価値観に合わないことは、関係ないと思ってしまうのです。自分に都合のいい意味に置き換えて解釈してしまうこともあります。相手に伝えたいことは言葉にしなければ伝わらないのですが、言葉にしたとしても、非常に伝わりにくいこともあります。親鸞は、この言葉にしても伝わりにくいメッセージのことを、隠密（かくされた）の意義を彰（あきら）かにする彰（しょう）の義（ぎ）として確かめているのです。

この「顕彰隠密（けんしょうおんみつ）の義（ぎ）」とは、『観経』の領解にあたって善導が提起した経典解釈の視点です。阿弥陀仏の極楽に生まれたいと懇願した韋提希に対して、釈尊は「ただ念仏すべし」とは説きませんでした。むしろ韋提希の期待に添った形で観想の方法について丁寧に説法をしました。そして「未来の衆生が、無量寿仏に出あうにはどのようにすればいいでしょうか」という韋提希の問いに対しても、釈尊は「念仏」ではなく観想の方法についての説法を続けるだけでした。

このような『観経』の説法から、仏が本当に伝えたかったのは「称名念仏すべし」である、と善導は受けとめました。そしてその教え通りに、終生「ただ念仏の一行」の道を歩み続けました。この「称名念仏すべし」が『観経』の隠密（かくされた）のメッセージです。このことは『観経』の説法の前面には出てきませんし、説法の聞き手である韋提希も、読み手としての善導も、そのことをまったく予期も期待もしていなかったのです。このようにして、善導が「称名念仏」こそがこの経の真の意義であると示してくれてもなお、「なるほどその通りだ」とすぐに賛同する人は、昔も今もほとんどいないのです。

顕彰隠密の義という重層的な経典解釈は、善導の『観経』領解の概念なのですが、親鸞は、『阿弥陀経』もそのような読み方をしなければならないといっているのです。

では『阿弥陀経』の隠密（かくされた）のメッセージとは何か。それについて親鸞は、

　「彰（しょう）」と言うは、真実難信の法を彰（あらわ）す。

（「化身土巻」聖典三四五頁）

といいます。「真実」と聞けば誰でもすぐに信じられると思いがちですが、そうではなく「難信」であるというのです。これは「真実だから信じる」とか「真実は信じ易いはずだ」というのは、私たちの勝手な思い込みであり、その「思い込み」そのものを言い当てることによって、そのことに気づかせようとするということです。普通、私たちは「本当のこと」だから信じていると思っているのですが、実際は逆で、自分が信じていることを「本当のこと」だと思い込んでいるにすぎないのです。

私は、難信という概念には二つの次元があると考えていました。一つは「念仏するだけ

で往生してすくわれるなどということは、非現実的で信じられない」という信じ難さです。荒唐無稽なことは信じ難いという、わかりやすい信じ難さです。しかしこのことをいいたいのであれば「念仏難信の法を彰す」といった方が的確です。ところが、ここでいわれているのは「真実難信の法を彰す」なのです。

「念仏しなさい」と勧められたときに飛び出してくる思いは、「念仏なんて信じられない」であって、決して「真実なんて信じられない」ではありません。親鸞がここでいいたいのは、「真実が信じ難い」ということなのです。では真実とは何か。『歎異抄』に伝えられるところによれば、

> 「煩悩具足の凡夫、火宅無常の世界は、よろずのこと、みなもって、そらごとたわごと、まことあることなきに、ただ念仏のみぞまことにておわします」とこそおおせはそうらいしか。
> （聖典六四〇～六四一頁）

とある、この「念仏のみぞまことにておわします」が、親鸞がいうところの「真実難信の法を彰す」の真実なのです。ここに第二十願が「真門」と呼ばれる理由があります。しかし「念仏は真実である」と考えている人は、今も昔も少ないのではないかと思います。ましてや「念仏のみが真実である」という断定に賛成する人は、ほとんどいないと思います。仏教の人間観の基本は、「衆生は真実と非真実を見極める智慧がない」です。ですから

「真実なのに信じられない」のではなく、「真実だからこそ信じ難い」のです。なぜなら人間は真実とは何かを知らないからであり、さらには、真実を知らないことについて、まったく無自覚であるからなのです。これが難信の難信たるゆえんです。『大経』では、このような難信性が、説法の締め括りの言葉として、

もしこの経を聞きて信楽受持すること、難きが中に難し、これに過ぎて難きことなし。（聖典八七頁）

と「難の中の難であり、これ以上の難はない」と述べられています。親鸞は、この難信性の本質を『阿弥陀経』の説法に見出しているのです。

そのことを『阿弥陀経』の和讃に、

十方恒沙の諸仏は　極難信ののりをとき
五濁悪世のためにとて　証誠護念せしめたり（聖典四八六頁）

と、うたっています。単純な難信ではなく、「極難信の法」です。「ただ声に出して阿弥陀仏の名を称せ」という『阿弥陀経』の明解なメッセージの中にこそ真実がある。これほど信じ難い法はない。単純にして難信、いや単純なるがゆえに難信なのであると、一見単純な『阿弥陀経』という経典を、人間の意識の深層にまでわけ入って読み込んでいるのです。

『阿弥陀経』でもう一つ忘れてはならないのは、釈尊だけではなく、十方諸仏がこぞっ

てこの極難信の法に賛同していると説かれていることです。五濁悪世に生きる衆生のために、この極めて信じ難い法を誠であると証し護り念じていると、この短い和讃の中にうたい込んでいることも、注目に値すると思います。

なぜ「極難信の法」といわれるのか

「信心一異の諍論」の顚末

「難信」という語は、真宗の教えの中でしばしば見聞きしますので、すでによくわかった問題であるかのように思われていることがあります。しかし「難中の難」「真実難信の法」あるいは「極難信」とまでいわれて繰り返し取り上げられますが、実はそれがどういう問題であるのかは、それほど明確になっていないのではないかと思います。この問題を考えるとき、いつも私の念頭にあるのは『歎異抄』の「信心一異の諍論」です。

親鸞が、自分の信心も師法然の信心もまったく同じであると言ったのに対して、勢観房や念仏房が、とんでもない思い上がりであると非難した。最終的に彼らは法然の判断を仰

ぐことになります。すると法然は、

源空（げんくう）が信心も、如来（にょらい）よりたまわりたる信心なり。善信房（ぜんしんぼう）の信心も如来よりたまわらせたまいたる信心なり。されば、ただひとつなり。（聖典六三九頁）

と断定します。この源空とは法然のことで、善信房とは親鸞のことです。これで論争の決着がつきました。有名な話で、お説教で紹介されることが多い逸話ですから、ご存じの方も多いことでしょう。では、皆さんはこの話をどう受けとめているでしょうか。「私たちは真宗門徒であるのだから、当然親鸞聖人と同じように如来よりたまわりたる信心をいただいている」と思っている人が多いのではないかと思います。私もずっとそう思っていました。しかし「難信」の問題に少し踏み込んで考えるようになってからは、見方が変わってきました。ここには直接描かれていないことに関心が向いていったのです。そのきっかけになったのは、『御伝鈔（ごでんしょう）』にある、

ここに、めんめん（面面）したをまき、くちをとじてやみにけり。（聖典七三〇頁）

という文言です。この一節が覚如の憶測で書き加えられたのか、何らかの伝承があったのかはわかりませんが、この文言には、まるでその場で見ていたかのような説得力がありますし、読んだ者に「さもありなん」とうなずかせる現実味もあります。師法然の言葉に対して、表立って異を唱えるわけにはいかない。しかし心の底では受けいれ難いものが残っ

ていて、悔しさをぐっと飲みこんだ人の姿が「くちをとじてやみにけり」というひと言の中にありありと現れています。実際にその場は、これに近い雰囲気になったのではないかと思います。

ところが、あるときから私は、ここに描かれる勢観房や念仏房に親近感を覚えるようになりました。もし私が彼らの立場だったら悔しくて仕方がないと思いますし、「悪かった。私が間違っていた」と素直に謝れそうもありません。彼らと同じように沈黙し、そして「親鸞に恥をかかされた」と苦々しい気持ちを抱くと思います。にもかかわらず、私はこの『御伝鈔』の一節を見て、「さすが我が宗祖だ」と誇らしい思いにさえなっていたのです。『歎異抄』にはこの『御伝鈔』の最後のような文言はありません。人間としての正直な感情では、勢観房・念仏房に親近感を覚えるのに、観念的には親鸞の側に立っていると思っている。自分の中にこの落差があることに気がついたことで、もう少し踏み込んで考える必要があるのではないかと思うようになりました。

勢観房や念仏房は、師法然の裁定に心の底から納得していたわけではないと思います。勢観房は親鸞より十歳ほど若いのですが、十三歳のころから法然のそばにいて、ずっと聞法してきた人です。また念仏房は、親鸞より十六歳年長で道心堅固（どうしんけんご）の人として知られていたようです。この二人が、師法然を心から信頼し尊敬していたことに疑いの余地はありません。ならばこの二人は、「お師匠さまがそう仰るのであれば、親鸞が言う通りです。私たちは心得違いをしておりました」とすぐに考えを改めたと思いますか。私はそうは思えません。親鸞よりはるか以前から法然の話を聞いていた勢観房と念仏房から見れば、親鸞は後から入ったいわば新参者です。その親鸞が、いかにもあっさりと「師と自分の信心が同じである」と言い切り、法然自身の口から、「その通りである」と告げられても、すぐに得心がいったとは思えないのです。それを邪魔しているのは、彼らの内にある自分自身の信心への思いです。師法然には及ばないが、親鸞には負けていないというある種の自信を持っていたのではないか。それは彼らの信仰体験に根差した自信です。そうであるがゆえに、簡単に揺らぐことはないのです。彼らに、本願念仏に出あえたと実感できるような体験がなかったとしたら、あのような言い争いが起こるはずはありません。体験を通した確かな実感があったからこそ、新参者の親鸞とは違うという気持ちが強かったのです。

では、親鸞の教えを聞いてきた私たちは、勢観房・念仏房的なこだわりを乗り越えていると言えるのでしょうか。この問題について、私は深く考えもせずに、勢観房・念仏房の信心はまだ不充分な、いわゆる「自力の信心」であると思い込んでいました。そして私自身については、親鸞の教えを聞く者であるから「如来よりたまわりたる信心」の側にいると思っていました。

ところが「難信」の問題を考えるようになって、私は簡単に「その問題は解決済みだ」とは言えなくなりました。大きな問題を見落としてきたことに気がついたからです。勢観房・念仏房が、親鸞に対してどのような思いを抱いていたかということは、それなりにわかったつもりでいました。彼らの心中は容易に想像がつきますし、人間的で親近感さえおぼえます。ところが、逆の方から見る視点はまったく持っていませんでした。それは「法然と親鸞は、勢観房・念仏房の信心についてどう見ていたか」という視点です。法然と親鸞の信心が同一であることはきちんと結論が出ていますが、法然・親鸞の信心と、勢観房・念仏房の信心との一異については、どう考えていたかということです。

ここのやりとりで、勢観房や念仏房たちが言うところのいわゆる〈信心〉とは、比較可能なものであって、彼らが、親鸞より勢観房・念仏房の〈信心〉が優れており、法然の〈信心〉はさらにそれより優れているという、序列意識にとらわれていることは明らかです。〈信心〉を個々人の属性であると考えているからそうなるのです。それは勢観房たちだけの問題ではなく、今日の私たちの間でも広く共有されている観念ではないかと思います。親鸞や法然はそれを否定したわけです。ところが、師法然によって明確に結論が出されても、信仰体験から生ずるこのような認識のずれは、簡単に修正できるものではないのです。これが第二十願で、

（「化身土巻」聖典三四五頁）

「彰」と言うは、真実難信の法を彰す。

として提起されている問題の根の深さです。

もし親鸞が「自分の信心は師法然と同じであるが、君たち（勢観房・念仏房）の信心は違う」と考えていたとしたらどうでしょう。法然と同じ立場であることを承認された親鸞が、それを認めなかった者たちの〈信心〉を「未熟な〈信心〉である」と見下すことになりはしないでしょうか。もしそうだとすれば、かなり鼻持ちならない態度です。しかしよく考えれば、勢観房・念仏房の〈信心〉は劣っており、法然・親鸞の信心は優れているという見方は、序列意識において考えている勢観房や念仏房が言う〈信心〉と同じになるのです。この論争が、勢観房・念仏房に対する親鸞の優越感という結末になるのでは、この諍論の意義が台無しになってしまいます。私は、長い間なんの疑問もなくこの台無しになるような読み方をしていました。

勢観房・念仏房の信心とは同一か異なるか

法然と親鸞の心中を察することが許されるならば、「勢観房、念仏房よ、君たちの信心も同じく如来よりたまわりたる信心であるのだ」と見ていたはずだと思います。この問いに対する答えはこれしかないと思います。このような問いは、そのことが問題になったときにほぼ答えは出ているのです。答えが難しいのではなく、問いに気づくことが難しい、そういう性質の問題です。

今回の講義の最初に、「問いに出あう読み方」ということを申し上げましたが、別の答えを握りしめていると、問うことそのものを拒否するので、問いとして共有することさえも難しくなります。問いとは、教えてもらうものではなく、自分にとっての問いになるかならないかです。まさに出あうものなのです。

「信心」という語は、今日でも人によっていろいろな意味で使われるので、わかりにくくなることがあります。そういう混乱は、法然や親鸞の時代からすでにあったのです。「如来よりたまわりたる」という意味をわかりやすくするために、このように言い換えてみたらどうでしょう。「法然の口から出てくる南無阿弥陀仏も如来よりたまわりたる南無阿弥陀仏です。勢観房の口から出てくる南無阿弥陀仏も如来よりたまわりたる南無阿弥陀仏です。誰の口から出てきたとしても、南無阿弥陀仏はすべて如来よりたまわりたる南無阿弥陀仏なのです。如来よりたまわらない南無阿弥陀仏などありません」と。「如来よりたまわりたる南無阿弥陀仏」ならば、回向の意味がはっきりしますし、それは間違っていると考える人もあまりいないと思います。そして、「浄土に往生するには、この如来よりたまわりたる南無阿弥陀仏の他には何も必要ないのです。念仏申す以外に浄土への道はないのですから」と、法然や親鸞は、信心をこのように考えていたのではないでしょうか。如来よりたまわりたる信心というのは、如来より回向される南無阿弥陀仏に対する深い信頼なのです。何度も引きますが、『一念多念文意』に、

「回向」は、本願の名号をもって十方の衆生にあたえたまう御のりなり。
（聖典五三五頁）

とありますように、如来より回向された名号に対する信頼が信心なのです。南無阿弥陀仏と離れた信心はないのです。

この信心は、自分がどのように信じているかという、自分の主観意識に属するものではありません。「南無阿弥陀仏」と念仏が申されるところに、すでにその信頼は成立しているのです。にもかかわらず、私たちは、いかに信じているかという、当人の経験や主観意識のありようを問題にしたくなるのです。そこに勢観房や念仏房のように「信心が異なる」という発想が生ずるのです。

法然や親鸞の言うところの信心とは、如来の前では、勢観房も念仏房も分け隔てされることはないということに対する信頼です。ですから、私たち衆生の側にどれほど強い思いや印象深い体験があろうと、如来の前では問題にされない。つまり法然・親鸞が言うとこ

ろの信心の同一性とは、信心が異なると考えている勢観房・念仏房までも包み込んで同一でなければならないのです。『歎異抄』の信心一異の諍論を、このように領解できたとき、信心をめぐる混乱について、私なりに整理がつきました。

ここまで考えが展開すると、必然的にもう一つ別の疑問が出てきます。それは、なぜ法然や親鸞は、勢観房と念仏房に、そのことをはっきりと伝えてやらなかったのかという疑問です。この問題については、私はかなり単純に考えています。それを言っても彼らの考えはすぐには変わらないということを、わかっていたからだと思います。

自分の価値観を否定する視点に出あったときに、反論したり否定したりすることがあります。今の場合、勢観房・念仏房は表立って法然に言い返すことはしませんでした。しかし反論できなくて沈黙していても、必ずしも相手の言い分を受けいれているわけではありません。そういう場合に私たちがとる態度は二つです。一つは、聞き流して無視してしまう。もう一つは、自分の価値観に合うように都合よく解釈しなおして、自分の中で整合性をとってしまうことです。そうすることで、自分が信じている価値観を守るのです。すなわち勢観房や念仏房が握りしめている〈信心〉はまったく揺らぐことがないのです。執着という名の思い込みの頑（かたく）なさをよく知っていたから、法然はくどくどと説明しようとはしなかったのではないかと思います。しかし、『歎異抄』を注意深く読むと、法然は二人

に自分の考えを伝えようとしていることがわかります。この諍論の最後は、

> 別の信心にておわしまさんひとは、源空がまいらんずる浄土へは、よもまいらせたまいそうらわじ　（聖典六三九頁）

という法然の言葉で終わっています。この法然の最後の言葉についても、以前の私はほとんど注意を払っていませんでした。そして「信心が違うのだから、往生する浄土も違うのだ」と、法然が断定しているのだろうと考えて、それ以上の疑問は抱いていませんでした。しかし、法然が「勢観房・念仏房の信心も、同じく如来よりたまわりたる信心である」と見ているという視点の転換によって、この言葉に対する見方も一八〇度変わりました。

最後の「よもまいらせたまいそうらわじ」の「よも」は、通常は打ち消しの「じ」と呼応して「よも……あらじ」のように、「不確定ではあるが、万一にもそのようなことはあるまいと見込まれる意を表わす」（岩波古語辞典）という意味です。私はこの言葉を、以前は「信心が同じではないから同じ浄土へはいけない」という単純な断定の意味に読んでいました。しかし「よも」の前は、「別の信心にておわしまさんひとは」という仮定の条件です。つまり「（もし）信心が別であるならば、その人は、同じ浄土へは万が一にもいけないのですよ」と念を押す形になります。これは「あなたたちは本当にそう考えているのですか、それでいいのですかよく考えてみなさい」と、問いを投げかけているのです。

なんとかしてこの二人に自分の考えを伝えようとする法然の心中を推し量るならば、「あなたたちの口から出てくる南無阿弥陀仏と、私が申す南無阿弥陀仏とは私には同じに聞こえます。そして『念仏の衆生を摂取して捨てず』という本願が真実であるのだから、同じように念仏を申している自分たちが別の浄土に往生するということは、あるはずがありません。このことに疑いを差し挟まないことが、如来よりたまわる信心ということです。善信房も、皆の南無阿弥陀仏がすべて同じに聞こえると言っているわけですが、あなたたちにはそれが何か違って聞こえるのですか」と言おうとしているのではないかと思います。

「あなたたちの信心も私と一つですよ」と答えを与えられたら、その結論を受けいれるか拒否するかの二者択一を迫られます。それでは考えることを奪ってしまうことになりかねません。宗教の問題とは、正解を与えられてそれを学習して覚えていくだけでは何の解決にもなりません。一人ひとりが、何が自分に問われているのか、問いに気づいて、その問いに自分自身でうなずいていくしか道はありません。答えを知って学習していくことが難しいのではなく、自分自身が向き合うべき問いが何であるのかに気づくことが難しいのです。

「その理解でいいのですか」という問いかけをすることで、二人に考え直すきっかけを与えているのです。「別の信心にておわしまさんひとは、源空がまいらんずる浄土へは、よもまいらせたまいそうらわじ」という問いかけをして、あとは当人が気づくのを待つしかないのです。法然はそのことを、よくよくわかっていたのだと思います。

三願転入再考

伝統的な三願転入の理解への疑問

信心の問題と第二十願の問題を考えていますと、必然的に三願転入の問題に触れなければならなくなります。伝統的な理解では、おおむね三願転入の第十九願、第二十願、第十八願は、あたかも串に刺した団子のように三つ並んでいて（次頁図１）、第十九願を出て第二十願に入り、第二十願を出て第十八願に入ると考えられ、親鸞の信仰の歩みがそのような過程を経たと理解されてきました。そして私たちの歩みも、また同じ過程を経ていくのだと考えられてきました。私もずっとそうだろうと思っていましたから、三つの願を順にたどっていくことで、宗教的な精神が深まっていくのだと考えていました。三願転入を理解することで、真実信心に至る宗教的なプロセスを知ることができるのではないかと、期

【図1】

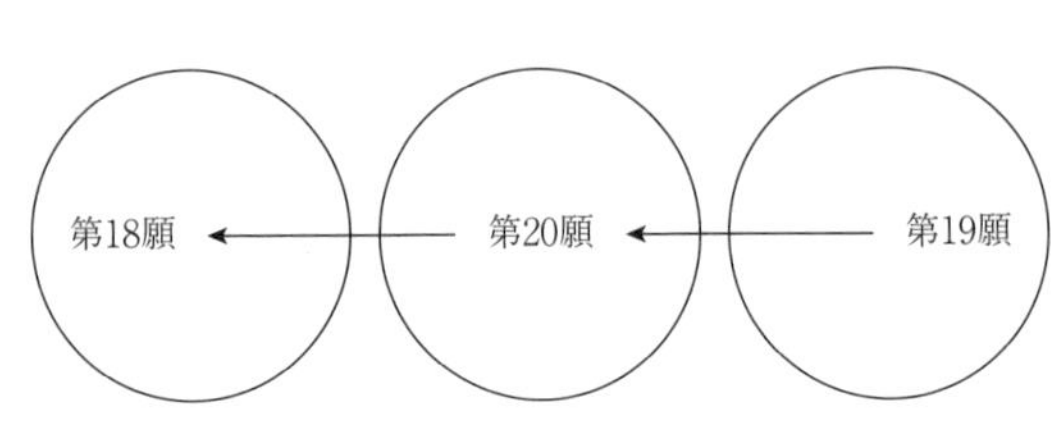

待して読んでいました。基本的にはこの理解の仕方が、三願転入についての最大公約数的な共通認識だといってもいいと思います。

しかしこの理解の仕方には一つ重大な問題があります。それは親鸞には第二十願に相当する時期はあったのだろうか、あったとすればそれはいつごろのことか、という疑問に明確に答えられないということです。この問題については昔から議論がありました。どういう議論かといいますと、『教行信証』のいわゆる「後序」に、

しかるに愚禿釈の鸞、建仁辛の酉の暦、雑行を棄てて本願に帰す。（聖典三九九頁）

とあります。これは、親鸞が二十九歳の時に、比叡山を下りて法然のもとに行く決断をしたことが述べられているわけですが、この出来事が、第十九願から第二十願に入ったことを示すのか、第二十願から第十八願に入ったことを示すのかがはっきりしないのです。

「本願に帰す」と言っておられるのだから、このときに第十八願に入ったのだとすると、比叡山にいたときにすでに第二十願に入っていたことになります。ほとんど記録が残っていないので推測するしかあ

りませんが、一心に念仏をしながら、信心の不確かさについて悩んでいたと思われる形跡は見当たりません。

逆に、法然に出あったときに第二十願に入ったのだとすると、吉水で法然のもとにいたときか、越後に流罪になって以降に、第十八願に転入したという大きな転換がなければならないことになるのですが、そのような記録も伝承も残っていません。三願転入は、親鸞の信心の深まりの過程を表すものだとされてきましたが、この展開にぴったり当てはまるような出来事は、親鸞の行実の中には見出せないのです。この問題についてはいろいろな意見があって、私が知る限り、はっきりと決着がついていないはずです。にもかかわらず、信心の深まりはこの三つの願を段階的に経ていくという理解は、ほとんど見直されることがありませんでした。

『歎異抄』の信心一異の諍論のところで述べたように、真か仮・偽かという二項対立の無限連鎖に陥ってしまわざるを得ません。三願とあっても、実質的には真実の願と方便の二願という二項にしかならないからです。私は、「化身土巻（けしんどのまき）」を読み込んでいく中で、三願転入には、この二項対立の無限連鎖を乗り越える論理が示されているのではないかと思うに至りました。

浄土真宗の教えをめぐる疑問や問題の多くは、称名念仏（行）への抵抗感と信じ難さ

（信）を軸にして起こってきます。教えに出あったとき、多くの人がぶつかるのは「念仏は信じ難し」という壁です。その信じ難さは「念仏したくない」「念仏できない」「意味もわからずに念仏しても意味がない」等の言葉として発せられます。抵抗感の最も大きな理由は、「信心がはっきりしない」というわだかまりです。やがてすべてのわだかまりや疑問が払拭されて、「心から念仏できるようになった」と言える時を迎えることがあります。わだかまりの根元にあった自我の執着が破られるのです。

自らの救いには疑いがなくなる。懐疑から信順へと大きな意識転換がある宗教的体験ですから、感動をともなうことも少なくありません。一方で、自分が信心を求めて苦悩したことの裏返しであるかのように、そのような体験を経た人の口から、「信心がなければ念仏しても意味がない」「そのような体験がない者には救いはない」というような言葉が発せられることがあります。

そこで問題になるのは、このような意識の変革をともなう感動的な宗教的体験を、信心獲得といってもいいかという点です。さらにいえば、その体験の有無は浄土への往生を決定づける必須要件であるか否かという問題でもあります。宗教的体験が本願念仏の教えと結びついた感覚は、あくまでも体験に裏打ちされた主観意識なのですが、それがそのまま真実性の根拠となるかということです。『阿弥陀経』に「顕彰隠密の義あるべし」といい、そして「彰と言うは、真実難信の法を彰す」と見据えたことで提起していることは、こういう領域にまで踏み込んでいく問題であると思います。

北陸の門徒衆の間で語られた「二十の願」の意味

人間は意識を持つ生き物です。意識で考え、自分自身をもその対象にしてとらえています。意識の枠の外に立って物事を判断したり考えることはできません。誰もが自己意識のジレンマともいうべき闇を抱えているのです。そうしますと、自分の意識自体が陥っている問題を、自分自身では気づくことができないわけです。この自己意識のジレンマこそが、第二十願の真実難信の法という問題の核心です。そしてそれは、「信巻(しんのまき)」の誹謗正法から第十九願の仏智疑惑へとつながってきた問題へと展開していきます。

自らの救いには疑いがないという自信が得られることで、「仏智疑惑」とか「罪福信」という語を見聞きしても、そういう問題に陥っているのは、迷信に惑(まど)ったり、邪偽を信じたりしている人たちのことであって、自分には無縁の問題だと思ってしまいます。実はそういう自信こそが問題なのです。「信ずること」も「疑うこと」も、また「疑い無しと思うこと」も、主観意識に基づいた判断という意味においては同じことです。セミが夏しか知らないというのは、私たちは主観の枠の中でしか物事を経験することができないということです。ですから、仏智疑惑に陥っている者は、自分が仏智を疑っているなどとは微塵も思っていないのです。むしろ自分こそがまともに仏智を信じていると確信しています。真実難信の法というのは、こういう問題の構造を明らかにしようとしているのです。

三願転入の確かめについては諸説あるのですが、だいたいにおいて第十八願を真実とし、第十九願と第二十願は、その真実に入るための前段階的な方便であると理解されてきました。真実信心を得るということは、この第十八願の領域に入ることであるとされるわけです。

真宗王国といわれた北陸の聞法者たちに出あったころ、私はしばしば「にじゅうのがん」という言葉を耳にしました。最初は「二重の願」と言っているように聞こえたので、何を意味するのかわかりませんでしたが、やがて「二十の願」、すなわち第二十願のことだとわかりました。「あの人はまだにじゅうのがんだ」という使い方をされるのですが、それは「あの人には自力が残っていて、本当の他力本願の念仏ではない」という批判的な意味で使われた言葉です。「にじゅうのがん」という言葉との出あいが、私が第二十願の問題を考えるきっかけになりました。

そのような北陸の真宗門徒の間で「二十の願」が語られる際は、「浄土に生まれたいという思いに駆られて、一生懸命に念仏しているけれど、自力が残っている姿」として語られました。「二十の願」とは、あくまでも信心が不充分な「誰か他の人」のことであって、言っている当人は、自分がそれに該当するとは思っていません。では言われる人に「自分は二十の願である」という認識があるかというと、それはありません。つまり「二十の願」とは、常に他者に対する蔑称（べっしょう）として使われることしかなく、自分がそれに該当すると自認する当事者はどこにも存在しませんでした。

そして第十九願の要門と、第二十願の真門の締め括りとして置かれている、いわゆる三願転入の確かめも、ほとんどがこのような第二十願の理解のうえに成り立っていたと思います。そもそも「自分は第二十願のところにいる」と自認する人はどこにも存在しないにもかかわらず、他者に対しては、「信心が不充分である」という意味で使われるのです。

第三者の念仏や信心の優・劣や、他力か自力かなどと判断できると思っている人は、自分は他力本願念仏に出あえているという、ある種の確信や自信を持っているのです。勢観房や念仏房がまさにそうだったのでしょう。そうでなければ、他者の信心や念仏についてとやかく言うことはできないはずです。法然の結論が明らかになったときに、親鸞が「だからあなたたちはダメなんですよ」と否定的に言ったとすれば、立場が入れ替わるだけで、同じ自己意識のジレンマに陥ってしまうのです。三願転入の第二十願を不充分な信のあり方とし、第十八願を最終的な到達点のように想定して、それを特定の誰かに当てはめて考えるような理解では、堂々巡りの議論にならざるを得ないのです。

北陸の門徒衆の間で「二十の願」という蔑称とともに共有されていたことは、北陸の門徒衆に固有の現象ではなく、「真実信心」を真面目に考えようとする人たちの間で広く共有されていた観念で、信心一異の諍論において起こっていたことも、このことに深く関わっています。

第二十願が否定的な意味にしか考えられてこなかったために、自分が第二十願に該当すると自認する人が存在しないまま、この問題があいまいにされてきた結果、三願転入の確かめにおいて、第二十願と第十八願がどう違うかがはっきりしてこなかったのではないかと思います。

まず考え直さなければならないことは、第二十願が「願」であるということの意味です。四十八願の中で「十方衆生」と呼びかけられている願の一つなのですから、第十九願が私たちに宗教心が発現することを願っていたのと同じように、「そうあってほしい」と私たち衆生に願っているのです。如来が私たちに念仏申す者であれと願うのが第二十願です。このことを否定して、第二十願の問題を考えることはできないのです。

自覚的該当者がいない第二十願の問題を念頭に置いて、三願転入の問題を当事者の主観意識に沿って考えると、どうなるでしょうか。

まず第十九願は、宗教的欲求が発（おこ）って、その実現のために努力精進を惜しまないようになることを願っています。その願が成就すると、願われた通りに努力するようになります。努力するということは、まだ目標が実現していないということを意味しますから、常に「自分はまだダメだ。これでは充分ではない」という自己否定感が払拭できません。第十九願は、臨終の時まで結果がはっきりしないのです。その結果、思いとしては「たすかりたい。すくいがほしい」という焦燥感が続くため、宗教的感覚としての「一人称の否定感」が消えないのです。

このようにして求める人に、この不充足感や焦燥感が消える瞬間があります。そのような宗教的体験は、非常に強い自己肯定感を生み出します。つまり一人称の否定感が一転して、一人称の肯定感になるのです。「これで自分は第十八願の領域に入れた」という感覚が得られるわけですが、この一人称の肯定感は、その裏返しとして「あなたはまだだめだ」という二人称の否定を生ずることがあります。自分が求め続けて苦労してようやく得られた実感ですから、そう思いたくなるのは当然です。私が見聞きしてきた限り、私自身も含めて、ほぼ例外なくそうなります。

同じ体験を経て、自らの立場をよしとし他者を否定する人たちが集まると、複数形になって、「私たちは大丈夫だけれど、あなたたちはダメだ」となります。さらに二人称の否定が第三者にも適用されて、すぐに「あの人たちはダメだ」という三人称の否定にもつながります。

二人称であれ三人称であれ、他者の信心を評定して往生の可否に結びつける考え方が「摂め取って捨てない」という阿弥陀如来の精神と相容れないということは、いうまでもありません。

本願に出あえたか出あえていないかを基準に線引きして、その思いを共有するグループが作られるのです。「本願に出あえたという思いが持てること」「罪悪深重の〈自覚〉があること」が、〈信心〉だと思う集団が生まれるわけです。その集団の中では、〈信心〉の優劣や〈自覚〉の有無が往生浄土の救いにおいて必須であるという観念が、強固に共有されていきます。

私自身も、以前は〈信心〉とか〈自覚〉を、そのように考えていました。しかしこのような〈信心〉とか〈自覚〉というのは、きわめて自己中心的なものではないでしょうか。なぜなら、自分が救われるのは、自分の能力や努力の結果ではなく、他力のはたらきによるものであるからです。他力によって自分が救われたのだと思っていても、その他力を他者に差し向けることはできませんから、自分が他人を救うことは不可能である、と考えるのです。結局自分の救いにしか関心が持てなくなります。こういうのは自己中心的信心というべきであって、大乗仏教の精神とはかけ離れていると思います。本願念仏の教えは、このような傲慢で自己中心的な〈信心〉に満足する人間を生み出す教えではないはずです。私は、ここに第二十願が提起している問題の本質があると考えています。つまり自分には何らかの宗教的転換があった。浄土教的にいえば、第十八願の領域に入ることができたという思いを持っている状態が、実は第二十願的なあり方そのものなのです。自己満足はあるけれども、同じ経験がない他者に対しては否定的になるのです。

無数の往生人に出あう世界

では、三願転入と呼ばれる御自釈に、

しかるにいま特に方便の真門を出でて、選択の願海に転入せり、速やかに難思往生の心を離れて、難思議往生を遂げんと欲う。（「化身土巻」聖典三五六頁）

とあるのはどういうことなのか、という問題が出てきます。ここに「選択の願海に転入せり」とあるのは、第二十願的な問題がある状態から抜け出て、最終ステージに到達したという意味なのでしょうか。そのように考えるならば、「第十八願的な領域」に入った者が、

「第二十願的な領域」に留まる者に対して「まだ入っていない」と否定的態度をとることは避けられません。法然の賛同を得た親鸞の信心の方が、勢観房や念仏房の信心よりすぐれているという見方になるわけです。これでは第二十願的問題が、立場が入れ替わって繰り返されるだけです。その意味でいわれる第二十願的あり方とは、真実のあり方を唯一の排他的領域と考えて、そこに入ることができない者たちのこととされるわけです。第十八願を、それと同じように人間に占有され得る領域のように考えるならば、どうしても「真か偽か」、あるいは「真か仮か」というような、小さく閉ざされた「真実」や「正しさ」に閉じこめられていかざるを得ません。真実を「すでに」気づいた一部の者に占有されるものとして、「まだ」の者との間に、自力では越えられない壁を設けてしまう。それでは、どこまでも「自分をよし」とする蟻地獄のような泥沼から抜け出すことができません。それが疑城であり胎宮なのです。

従来の三願転入の理解では第二十願的あり方とは、真実が排他的占有領域であるかのように考えるあり方を指すのですが、それと違う理解があるとしたら、「第十八願に転入する」ということはどのようにして成り立つのか。それを考えるにはまず、第十八願を私たちの私的立場としないことの徹底が必要です。しかし私たちと無関係であっては意味がありません。真実を自らの立場として排他的に占有するのではなく、さまざまなあり方をする者がそこに包括され共在するのです。「転入する」とは、平等に包括される領域に入ることであり、私たちの思いの中にそれを取り込むわけではないのです。それが「ただ念仏のみぞまことにておわします」といわれる真実なのです。宗教的体験を経た者もそうでない者も、共にその中に包まれて在る。『歎異抄』の信心一異の諍論で、法然と親鸞が同一の信心と言ったのは、こういうことだったのだろうと思います。だから勢観房・念仏房の信心も、同一なのです。宗教的転換経験の有無や、自分自身の救いについての確信の有無はどちらであってもかまわない。重要なのは「念仏の衆生を摂取して捨てず」という、如来の本願の確かさに対する信頼なのです。ですから、どれほど自分自身の救いに不安や疑問があったとしても、念仏申す人は必ず浄土に往生させるという本願に疑問を差し挟んではいけないのです。それでも自分の往生について確信が欲しいという気持ちはなくなりません。どうしても自分の思いと本願とが衝突してしまうのです。しかしどのような思いであっても、その主観的葛藤を他者に投影してはなりません。自分の思いはどうであろうと、自分以外の人が摂取不捨のはたらきにあずかることについては、微塵も疑問を差し挟んではならないのです。自分のまわりにいる無数の念仏者は、子どもから大人まで皆、浄土に往生して仏に成る人たちなのです。皆が仏になる念仏往生人として敬意を払われるべき存在なのです。そのように浄土に往生することが定まる人びとを「正定聚」（正しく定まる聚（あつまり）といいます。無数の往生人を見出すことができれば、自分もその仲間の一員に加えていただき、導いてもらいつつ、その人たちを見習いながら後をついていけばいいだけです。これほど安心なことはありません。必ずしも自分のすくいへの確信を持つ必要はないのです。曇鸞が「大乗正定聚の数に入る」と言ったのは、こういうことなのだと思います。

称名念仏の勧めは声を出せない人を排除するか

念と声

「念仏の衆生を摂取して捨てず」が阿弥陀如来の本願の根本精神なのですから、私はいろいろな機会に「南無阿弥陀仏と声に出して称名念仏しましょう」とお勧めしています。そうするとしばしば、「称名念仏をしない者は救われないのか」とか、「声が出せない人を排除することになるから、必ずしも声に出さなくてもよい」、あるいは「念仏は、声に出さなくても心の中で南無阿弥陀仏と憶念するだけでよい」などと反論されることがあります。真宗の教えを聞き始めたころの、称名念仏することに強い抵抗感があった私自身の姿と重なって、懐かしさを覚えます。そのころの私は、称名よりも聞名、すなわち信心の方が重要だと思っていました。

『教行信証』には、「名を聞いて往生する」という趣旨の文言がたくさん出てきます。ですから、「名を称えることよりも、聞くことが重要だ」と結論することで、声に出して念仏することに対する抵抗感を自分自身の中で正当化していたのです。

一方、『選択集』の、

念・声はこれ一なり。（真聖全一、九四六頁）

や、『唯信鈔文意』の、

念と声とは、ひとつこころなりとしるべしとなり。念をはなれたる声なし。声をはなれたる念なしとなり。（聖典五五九頁）

という文言に明らかなように、法然や親鸞は声に出して称える念仏を勧めているのです。

ところが、これらの文言さえ、「念と声は同じなのだから、声に出さなくても心の中で念ずればいいということだ」と、まったく逆の意味に解釈していたこともあります。しかし少し注意して聖教を読むようになって、この理解が間違いであったことがすぐにわかりました。ここにいう念と声の関係は、称名を正行と位置づけた善導の理解に基づいている

ことは明らかです。善導のその領解は、『観経』の下品下生で、重い罪を犯したことを悔いて苦しむ者の往生について、

> 善知識の、種種に安慰して、ために妙法を説き、教えて念仏せしむるに遇わん。この人、苦に逼められて念仏するに遑あらず。善友告げて言わく、「汝もし念ずるに能わずは、無量寿仏と称すべし」と。かくのごとく心を至して、声をして絶えざらしめて、十念を具足して南無阿弥陀仏と称せしむ。仏名を称するがゆえに、念念の中において八十億劫の生死の罪を除く。（聖典一二〇～一二一頁）

とあるところから導かれたものです。ここに、心の中で念ずることと声に出して称することの違いが明確に表れています。安慰や心の中に仏を念ずることでは、この人は迫りくる不安や苦しみが消えなかったのです。そこに善き友が「心の中で念ずることができないならば、無量寿仏と称しなさい」と言った。そして声が途切れることなく、南無阿弥陀仏と十回称名したのです。そうすることで、重い罪が除かれたとあります。今は、ここに述べられていることをどう解釈するかについては触れませんが、善導はここから、称名念仏を正行の中の正定業と見定めたことは間違いありません。善導から法然へ、法然から親鸞へと称名念仏の教えが受け継がれていることに目が向いたことで、念仏は、心の中で憶念するだけではなく、声に出して称えることが浄土教の基本であると考えるようになりま

した。そして、いろいろな機会にそのことを話すようになりました。

先ほど、「声を出せない者を除外することになるから、声に出さなくても心の中で南無阿弥陀仏と憶念すればいい」と反論する人がいると言いました。この問題を考えるうえで、一つはっきりしておかなければいけないのは、私たちに易行として勧められる称名念仏とは、浄土に往生できるか否かの判断基準として、できない者を切り捨てるために設けられているのではないということです。一切の衆生を救おうとする本願を成就するために選び抜かれたのが称名念仏なのであって、除外すべき者を判定するためにそれがあるわけではないのです。声を出せない人を引き合いに出して、称名念仏を否定しようとする人は、何らかの理由で声を出すことができない人のことを思いやって、そのように主張しているつもりなのかもしれません。しかし「心の中で憶念する」という方法であれば、本当により多くの人を摂め取ることができるのでしょうか。

言葉の意味を理解して、その意味に応じて行動したり、心の中で念じたりすることは、同じ言葉を復誦するよりも、はるかに高度な精神的行為です。ですから知的な障害を持っている人や言葉を覚え始めたばかりの幼児は、言葉の意味を理解して求められた行動をすることができないことがあります。片言しか話せない幼児でも、大人の真似をして、合掌し「まんまん」と言うことはできます。しかし、その子に「声を出さなくてもいいから、心の中で『まんまん』と念いなさい」と教えることはできません。また、「笑って」と言って笑顔を作ることを教えるのが難しい場合でも、たとえば「チーズと言って」と、その言葉を復誦することなら教えることができるかもしれません。ですから私たちは、写真を撮るとき、一斉に「チーズ」と言うわけでしょう。そうすれば笑顔に見えるからです。そのようにして「作られた笑顔」の写真を「偽物の笑顔だ」とは誰も言いません。「いい顔の写真だね」と喜び合うのです。同様に心の中で南無阿弥陀仏と念ずることを教えるのが難しくても、「南無阿弥陀仏」と声に出すことを教えるのは、それほど難しくありません。言葉として声になることに共通性を見出して、そのことを喜び合う。共通の形が成立することをみんなで大切にするのです。本願によって称名念仏の易行が選択されたのは、まさにこの意味においてなのです。

「心の中で南無阿弥陀仏と念ずればいい」というのは、声を出せない人を気遣っているかのようで、実はその方が、より伝わりにくいために、より多くの人を排除してしまうことになるのです。

この問題について法然は、「阿弥陀如来は、なぜ念仏の一行だけを往生の本願としたのか」という問いを立てて、

一切の衆生をして平等に往生せしめんが為に難を捨て易を取りて本願としたまうか。

（『選択集』真聖全一、九四四頁）

と答えています。そのうえで、他の方法を本願としたらどうなるかという例をいくつか挙げて、それらの方法によって往生できるのはごく少数の者だけであって、多くの者が往生できなくなるから本願とするには相応しくないと述べます。そしてあらためて、

　しかればすなわち、弥陀如来、法蔵比丘の昔、平等の慈悲に催されて普く一切を摂せんが為に、造像・起塔等の諸行をもって往生の本願としたまわず。ただ称名念仏の一行をもってその本願としたまえり。

（『選択集』真聖全一、九四五頁）

と結論づけます。私は単純にこの考え方でいいと思っています。

　それ以前の問題として、隣に憶念念仏している人がいたとしても、周囲の人はそのことにまったく気づきません。それでは共に往生浄土の道を歩む同行・同朋を見出すことはできません。心の中で憶念するだけでいいというのは、自分のすくいだけにしか関心がない、と言っているに等しいのです。「称名が出来ない人を排除することになるから、声を出さない憶念念仏でいい」という主張は、一見、称名念仏ができない人のことを思いやっているかのようですが、実際に声が出せない人のためというよりも、称名できるのにしたくないと思っている人の「したくない」という思いを正当化しているにすぎません。それは自身の解脱を最優先とする、声聞や縁覚と同じ発想です。つまり、龍樹が厳しく批判した、

二乗地に堕するというあり方に他なりません。ですから心の中で憶念するだけでいいというのは大乗仏教でもありませんし、浄土教的だとも言い難い考え方です。

もし「心の中で念ずるだけでいい」と勧めることで、より多くの人が往生しやすくなるのであれば、憶念念仏を本願とする方がいいはずです。しかし、先ほど言いましたように、幼児や知的な障害を持っている人に憶念を教えることはとても難しいのです。もし憶念が本願であったとしたら、称名以上に本願から漏れてしまう人が多くなります。

さらに、隣に憶念している人がいたとしても何もわかりませんし、またもし自分の憶念の仕方に疑問や不安があったとしても、他の人がそれを確かめる術はありません。憶念というのは、外に現れる表現がありませんから、受けとめた本願の精神を自分の心の中だけに閉じこめてしまうことになります。そこから他者との関係が開かれていくことがないのです。心の中で憶念すればいいというのは、「より多くの者を除外する方法がいい」と言っているに等しいのです。法然も親鸞も、きっと声に出さない憶念念仏は本願として相応しくない、と言うに違いないと私は思います。

憶念と称名は、二者択一を迫られる相反関係にはありませんから、憶念が必要だと思う人は、憶念しながら称名念仏すればいいだけの話です。憶念が重要だと考えることは、称名しなくてもいいという理由にはならないのです。

称名念仏を強調して話すと、待ち構えていたかのように投げかけられる反論や質問がもう一つあります。それは、蓮如の『御文』の文言を引いて、「信心がともなわない無自覚の念仏では意味がないのではないか」というものです。たとえば、

一念の信心のいわれをしらざる人は、いたずら事なりとしるべし。（聖典八三三頁）

や、

されば当流には、信心のかたをもってさきとせられたる、そのゆえをよくしらずは、いたずらごとなり。（著者中略）なにの分別もなく、くちにただ称名ばかりをとなえたらば、極楽に往生すべきようにおもえり。それはおおきにおぼつかなき次第なり。（聖典八三八頁）

などが取りあげられます。

真宗の教えを聞き始めた当初、私自身も「信心がない者が念仏しても意味がない」という考えにとらわれていました。それで「信心がはっきりするまで念仏したくない」と突っぱっていましたから、このように言いたい気持ちはよくわかります。

では蓮如は、「信心がはっきりしなければ念仏したくない」と息巻いていた私のような若僧に対してこのようなことを述べたのでしょうか。私はそうではないと思います。もしそんな若者が目の前にいたら、蓮如はきっと「たわけたことを言うな。誰が信心がはっき

りしなければ念仏しなくてもよいと言った。信心のことが気になるなら、念仏申しながら考えなさい」と、きつくたしなめたのではないかと思います。

ではこれらの言葉はどのような人たちに向けられたのでしょうか。それは、「なにの分別もなく、くちにただ称名ばかりをとなえたらば、極楽に往生すべきようにおも」（聖典八三八頁）っていた人たちであることは明らかです。往生したいという思いにとりつかれて、まるで回数を競い合うかのように、日夜「なんまんだぶ、なんまんだぶ」と念仏を称えていた人たちが蓮如の目の前にいたに違いありません。つまり念仏を行の一種として、回数を重ねることに励んでいた人たちに、「回数が問題なのではない。たった一度でも、南無と帰命する者を必ずたすけるのが阿弥陀如来の本願のこころである」と言い聞かせようとしているのです。

『御文』を書いた蓮如が、以前の私のような「念仏したくない」と思っている者を肯定するはずがありません。そのことは、『御文』を最後まで丁寧に読めばすぐにわかります。にもかかわらず、私はこの言葉を逆手にとって、「念仏したくない」という自分の思いを正当化するために振りかざしていたのです。

「なんの分別もなく、くちにただ称名ばかりをとなえた」人たちと、以前の私のような人間に共通するのは、自分の考え方や思いを正当化しようとしている点です。一方は日夜念仏に励んでいる自分たちを正当化しようとしていたのであり、私は「信心がはっきりするまでは念仏したくない」「念仏しないことは間違っていない」という自分の思い込みを正当化していたのです。蓮如という人は、どういう趣旨であろうと、自己正当化を図る言動にはとても厳しかったのではないかと思います。だから、このような言葉で、念仏に励んでいる自分の努力を正当化することを戒めたのです。ところが、以前の私は、同じ言葉を盾にして「信心がはっきりしなければ念仏しても意味はない。だから念仏したくない」と、自分の思い込みを正当化していました。そのために『御文』の言葉を都合よく解釈して利用していたのです。そのような者に対しても蓮如は厳しく叱ったと思います。注意して読めば、かつての私のような解釈が誤読であることはすぐにわかるのですが、この勘違いはとても根深く、称名念仏を強調して話をすると、すぐに飛び出してきます。

「私の子どもは声を出せません」

私が、憶念か称名かという問題に、もう一度真剣に向きあわなければならなくなった出来事があります。それはあるお母さんから「自分はこの教えに出あえて、念仏を喜んでおります。しかし私の子どもには重い障害があるので、声に出してお念仏をすることができません。話を聞いて理解することもできないのですが、この子はお浄土に往生できるでしょうか」という質問を受けたことです。このお母さんの言葉は切実で、私の心に突き刺さってきました。

称名念仏を強調していた私は、この真剣なお尋ねに即答できませんでした。そのとき私が言えたのは、「正直に言いまして、私にはどうお答えしたらいいのかよくわかりません。ただ一つ言えることは、阿弥陀さまはどんな人でも浄土に受けいれて、仏さまにしてくださるために本願を建てられたのだから、その子を見捨てることはないと思います。その子が往生できないようなお浄土なら私もいきたいとは思いません。お母さんも『この子が往生できないようなお浄土なら私もいきません』と、腹をくくるしかないのではないですか」ということだけでした。

その答え方でよかったのかどうかわかりません。しかしそのときは私の正直な気持ちを申し上げたのです。勘違いかもしれませんが、お母さんの表情がパッと変わったように見えましたが、彼女はそのことについてはもう何もおっしゃいませんでした。一応その場はそれで終わったのですが、私の中には無責任に突き離してしまった感じが残っていて、その後もそのことについて考えるようになりました。課題をいただいたわけです。

「念仏の衆生を摂取して捨てず」とは、称名念仏できない人やしない人を排除するためにではなく、できるだけ多くの人を救うために建てられた誓願です。この誓いの通りにできない例外的な人を引き合いに出して、逆に誓願の精神そのものを否定しようとするのは、本末転倒であり、それは、いわば為にする議論にすぎないのではないかと思います。たとえ、称名念仏ができない人がいたとしても、私たちがその人の救いの可否を決めるわけにはいきません。そこのところは、あくまでも如来に委ねるしかありません。

如来の大悲を信ずるとは「念仏の衆生を摂取して捨てず」という誓いを信頼することですから、第一義的には、声に出して念仏する者を漏らさず救うということです。「名を聞く」ということも「本願を信ずる」ということも、如来の呼びかけに素直に応ずることなのです。その応答とは、すなわち声に出して称名念仏することなのです。つまり称名念仏とは、信心の自己表現に他ならないのです。その声が聞こえたら、その声の主は如来に摂取される人である。本人の主観意識はどうであれ、その人は往生を願う人なのです。そのことに対する信頼が「本願を信ずる」ということの実質的意味なのです。

心の中で憶念することを否定するわけではありませんが、憶念だけでは外に表れる表現がありません。表現されなければ、その人の内面は、周囲の人には何もわかりません。それを信心だというなら、自己中心的な心情と区別がつきません。自分だけにしかわからないのですから。

合掌することも表現だからそれだけでもいいのではないかという意見もあると思います。たしかに合掌は身体の表現ですが、合掌だけでは心の中に何を思ってそうしているのかが他人にはわかりません。合掌には抵抗感がない人が多いのに、称名念仏には抵抗感がある人が多いのは、表現行為としての明確さに大きな違いがあるからではないかと思います。合掌して「南無阿弥陀仏」と念仏している姿が何を意味するかについては、何の説明も必要ありません。称名は、合掌だけよりも、はるかに明確な表現行為なのです。称名念仏に対する抵抗感の大きな理由の一つは、この点にあるといえます。

私もまた、不特定多数の人の前で南無阿弥陀仏と声に出すことは躊躇(ちゅうちょ)します。私は、素直に称名念仏する気になれなかった時期がありましたが、そのころでも、一人でいるときに「南無阿弥陀仏」と声に出してみたことは何度もあります。そうすると、やはりその声に空々しさを感じました。自分の称名に嘘くささを感じるのですから、人前で称名したくないのは当たり前です。それで結局、自分一人のときに称名したり、心の中で憶念したりして、自分でそれに意味づけをして自己完結してしまうのです。自分自身の念仏に意味づけをする感覚が、そのまま他人の念仏にも向けられていくと、他の人の念仏の声を素直に聞くことができなくなります。称名することに対する抵抗感は、聞名にまで影響を及ぼして、「あの人の念仏は本物か空(から)念仏か」と判定するような意識で念仏を聞くようになるのです。私たちが念仏するときには、それぞれさまざまな思いで名を称えます。称えるときにはどんな思いがあってもいいのです。しかし、南無阿弥陀仏の声を聞くときには、私たちの思いや判断を一切差し挟んではならないのです。

誰も排除されない世界

あらゆる衆生、その名号を聞きて、信心歓喜せんこと、乃至一念せん。

（『無量寿経』聖典四四頁）

という本願成就文を見ると、この「歓喜」を、自分の中にそれがあるかどうかという観点でしか受けとめることができないと、「信心歓喜」の心で念仏しなければならないと思い、その裏返しとして、念仏することに歓喜がともなっていない念仏は、空念仏だと思ってしまいます。

ところが、『一念多念文意』に、

真実功徳ともうすは、名号なり。

（聖典五四三頁）

とあり、さらに、

「回向」は、本願の名号をもって十方の衆生にあたえたまう御のりなり。

ともあるように、念仏の声が聞こえるという事実は、とりもなおさず「如来の真実心の功徳」が名号を称する声となって回向されて、私に届いていることを意味するのです。それが本願力回向ということです。ですから「その名号を聞きて、信心歓喜せん（聞其名号信心歓喜）」とは、「念仏の声が聞こえてきたことを歓喜する」ということなのです。（聖典五三五頁）

普通、私たちは、声になった念仏しか聞くことができないと思っています。聞くことができないというよりも、聞こうとしないのだと思います。しかし、実は、声になっていない念仏を聞くことはできるのではないかと思います。声になっていない念仏を聞くとはどういうことか。それは念仏を誘う促しをいただくということです。促しをいただくとどうなるか。促しをいただいた者には、「念仏もうさんとおもいたつこころ」がおこるのです。「念仏もうさんとおもいたつこころ」がおこることが、名号が聞こえたということの具体性です。

先ほど障害を持った子どもの心配をしていたお母さんのことを紹介しましたが、その後また話す機会がありまして、「大切なのは、お子さんがお念仏申せるか申せないかということではなく、その子の姿からお念仏の促しをいただくことです。お念仏の促しをいただくことができれば、実際には声として出ていなくても、その子の南無阿弥陀仏の叫びがあなたに聞こえてきたということなのです。あなたに『念仏もうさんとおもいたつこころ』がおこるとき、その子はあなたにお念仏を届けたことになるのです。名号を衆生に与えようとする阿弥陀様の回向を、その子がしてくださるのです」と、このような趣旨のことを話しました。そして、「仮に私たちがその子の声を聞くことができなくても、阿弥陀様は必ずその子の内から叫びとなっている南無阿弥陀仏を聞き届けてくださるはずです。最後は、それを信じてお任せするしかないのではないですか」と言いました。どう思われたかわかりませんが、黙って聞いておられました。このお母さんからの問いかけは、大事なことを考え直すありがたいきっかけになりました。

そのお子さんが声を出せないことはわかりましたが、どのような障害を持たれているのか、私はうかがいませんでした。それは関係ないことだからです。憶念があれば必ずしも称名は必要ないと考えておられる方は、このことを聞いて「声なき呼びかけを聞いて促しをいただけばいいのだから、やっぱり声に出して称名する必要はないではないか」と、おっしゃるかもしれません。しかし、このことを、声を出せる方が称名念仏をしなくてもいいという口実にしてほしくはありません。「名声十方に超えん」（聖典二五頁）が如来の願いの本旨であるのですから、できる方は声に出して称名を心がけていただきたいと思います。声に出して称名念仏しなくてもいいという理由はないのです。心の中で憶念する（意業）よりも、声に出して称名する（口業）の方が簡単なのですから、声に出さなくてもいいと言うことで、より多くの人が排除されていくことになるということを、きちんと自覚していただきたいと思います。

平等に向き合う生き方

釈尊はなぜ餓死しなかったのか

称名、すなわち声に出して念仏することへの抵抗感は、些細なことのようで実は相当根が深い問題だと思います。「声に出して念仏したくない」とか「何もわからないまま称名しても意味がない」という思いの裏には、自分がなす行為には意味があるべきである、あるいは、自分という存在には敬意を払われるべき価値があるはずだ、という執着がありま す。そのため納得できないことはやりたくないし、そんな無意味なことをしている自分を人前に晒（さら）したくないと思うのです。その思いはまた、他者に対しても投影されて、称名念仏する人に、本願を信じているのか、あるいは念仏することについてどれほどの自覚やうなずきがあるのかを問題にするのです。

少し唐突ですが、「釈尊はなぜ飢死しなかったのか」ということを考えたことがあるでしょうか。私は、少し前まで真面目に考えたことがありませんでした。多くの人が食べ物を喜捨（布施）してくださっていたということは知っていましたので、それ以上は気になりませんでした。「なぜ多くの人が食べ物を喜捨してくれたのか」と問われたら、「釈尊は正覚を成就された尊い方だから」と答えるでしょう。私は、ごく最近まで、このことを当たり前だと思っていました。

でもどうでしょう。一日一食か二食しか食べていなかったとしても、お弟子を含めると千人以上にもなる人が生きていくために必要な食べ物が確保されるには、何千人、何万人もの人が喜捨していたと思います。しかし、何万人もの人たちが、釈尊の説法を聞いて「この方の正覚は間違いなく本物だ」と理解できたのだろうか、という疑問も湧いてきます。もちろん釈尊の説法に感銘を受けた方は、たくさんいると思います。でもたくさんの人が、説法を聞いただけでその教えのすばらしさを理解し、次々と帰依していったと考えるのは、少し無理があるのではないかという気がし始めたのです。

『教行信証』を読んでおりますと、「わかった」と思うと、「その『わかった』と思うことがどうして確かなことであるといえるのか」と問い返されることが多くあります。そのような繰り返しの中で、やはりなにがしかのことが「わかる」と思えることもありますし、逆に「わからない」ことも出てきます。「わかること」と「わからないこと」の境界線のようなところが、いつも気になります。この「釈尊はなぜ餓死しなかったのか」という疑問も、そういうところから出てきました。釈尊の説法は、ちょっと聞いただけで誰もがすぐにその深いところまで理解できたとは思えません。にもかかわらず、釈尊の正覚(おさとり)の精神は、なぜ広く共感が得られていったのでしょうか。

私は、重い障害を持った方たちが通う作業施設やグループホーム、あるいは生活を支援するサービスを提供する社会福祉法人の運営に関わっていたことがあるのですが、その経験がこの問題を考えるきっかけになりました。

非常勤でしたので、現場に直接関わる機会はほとんどありませんでした。しかし、職員の人たちがその施設の利用者に対してとても丁寧に接していたので、利用者はとても居心地がよさそうでした。私自身も、その場にいて違和感や不快感を覚えることは少なく、私にとっても居心地のよい場所でした。職員が、利用者の方たちに、大切な存在として敬意を払っている姿勢がうかがえました。

それらの施設の運営は、決して楽ではありませんでしたが、多くの人びとが財政的に支援してくださっていました。また、人手が必要なときは、たくさんの人が時間を割いて来てくださいました。

そこで見聞きしたことが、敬意というものがいかにして成り立つかということを考え直すきっかけとなりました。

普通、私たちは、人が尊敬されるとか価値を認めてもらえるのは、その人の能力や実績がすぐれていたり、あるいは身分や地位が高かったりすることが、その理由だと考えているのではないかと思います。だから他の人から敬意を払われたいと思うならば、自分自身の能力を向上させたり、品位ある言動を心がけるなどして、自分の内面を高めることによって人から尊敬されようとします。それが私たちが生まれた時から刷り込まれてきた価値観です。ところがその施設で見た風景は、その価値観ではまったく説明がつかないのです。その施設の利用者には、一般的な意味での社会活動をするための能力や社会に貢献した実績などはほとんどありません。そこで出あった人たちは、役に立たない存在として社会から切り捨てられてしまいかねない人たちでした。ところが、利用者の人たちが、そこで人間としての尊厳を損なわれるような光景を見ることはありませんでした。しかし、このとても大切な光景を目にしておりながら、私が持っていた一般社会で常識とされている価値観が揺さぶられることはありませんでした。障害者施設は一般社会とは違うのだと、割り切ってしまっていたからです。

私は福祉活動の専門家ではありませんし、同様の施設をたくさん見たわけではありませんので、他の現場と比較することはできません。ですから自分が関わっていたところで見聞きしたことを、当たり前だと思っていました。けれども、自分の人生経験の中で見てきた組織や集団を振り返ってみると、重い障害を持った人たちが、居心地よく、リラックスして過ごせる場所は、普通にどこにでもあるわけではありません。スタッフや利用者とその家族、支援者など、そこに関わるすべての人たちが、障害を持つ人に寄せる関心や心配り、あるいは目には見えないところでの努力など、さまざまな要素によって成り立っているのです。ですから、かなり特別な場所であるのに、私はそのことにすぐには気がつかず、当たり前のことのように思っていたのです。

分け隔てのない敬意

何が言いたいかといいますと、人間としての尊厳が尊重されるということは、その中に居る者にとっては、ごく当たり前の日常として成り立つのではないか、逆に人間の尊厳性ということを意識せざるを得ないときは、それが損なわれているときなのではないかということです。

社会に貢献できる能力、大きな実績、社会的地位などがあることが、尊敬に値する理由である。私自身は、ずっとそうだと思い込んでいました。もしそれが正しいとするならば、それを裏返せば、それらの理由がない者は尊敬に値しないことになります。そうなると、障害を持った人たちは切り捨てられてしまうことになります。当たり前だと思っていたことが、実はとても冷淡な考え方だったということに気づかされました。

敬意とは、相手の側にその理由を求める必要はないのです。相手の属性がどのようなものであるかにかかわらず、敬意を払うことによって敬意は成り立つのです。それが私が福祉の現場で見た事実です。そしてその経験が、「釈尊はなぜ飢死しなかったのか」という疑問を、引っ張り出してくれました。私は、釈尊やそのお弟子たちには、すぐれた才覚や特質があるから敬意を払われるのだと思い込んでいたのですが、そうではなくて、誰に対しても同じように敬意を払うという、その生き方に対して敬意が払われていたのだということに気づきました。釈尊は、社会の底辺に位置づけられて差別され、人間とも見なされていない中で生きざるをえなかった人たちに、一人の人間として敬意を持って向き合われたのではないかと思うのです。

ご存じのように、当時のインドはカースト制と呼ばれる厳格な身分制度の下で、想像を絶する厳しい差別がありました。制度的には改善されましたが、今日でもなお厳しい差別の現実が残っているのではないかと思います。最底辺に位置づけられた人たちは、直接触れること、場合によっては影を踏むことさえ忌避（きひ）されました。同じ井戸の水を自らの手で汲むことも禁止されていたそうです。

上位カーストの人たちから人間扱いされなかった人たちが、釈尊やそのお弟子たちから、人間としての尊厳性を認める向き合い方をされたらどうでしょう。たとえば、差し出された一椀の食べ物を「ありがとう」と受け取ってもらえたら、釈尊の正覚（おさとり）については何もわからなくても、感動するのではないでしょうか。釈尊や仏弟子たちは、相手の属性によって態度を変えることはなかったのだと思います。その態度や生き方に触れた人たちは、自らの人間としての尊厳性に目覚めていったに違いありません。

敬意には相互性があります。ですから、そのような態度や生き方を示したことで、釈尊や仏弟子たちもまた多くの人から敬意を払われることになったのです。

そのようにして、人間としての尊厳性に目覚める人が次々と現れたのではないかということに、思いを馳せることができたとき、いろいろな疑問が氷解しました。人びとが釈尊の正覚（おさとり）のすばらしさを理解したのではなく、その正覚（おさとり）が生き方そのものになっていたことに共鳴したのです。

どんな人にも同じように、人間としての尊厳を尊重する態度で向き合うという生き方は、当然身分の高い人に対しても同じであったはずです。へりくだったりへつらったりすることなく、尊大になることも敵意を見せることもなく、他の人に対するのと同じように接したのではないかと思います。実はこのことは意外と重要なことです。身分の高い人が、一般の人びとと同じような態度で向き合われると、中には「私を誰だと思っているのだ。君は無礼だ」などと、腹を立てる人がいるからです。人と同じように遇されることを快く思わない人がいるのです。もちろん、それを快く受けいれる人もいます。身分が高く恵まれた人の中には、人間の平等性を主張したり、慈悲とか哀れみの心を説いたりする人もおられます。しかし多くの場合、自分は安全地帯にいて、現在の地位や生活や安全が脅かされない範囲内でのことです。

平等という思想を説いただけではなく、そのことが他者との向き合い方や生き方にまでなったのが釈尊なのです。どのような人にも同じように接する態度は、自分自身の身分や貧富の格差がある社会を一度完全に捨てて、そのうえでもう一度、そのような仕組みに縛られて苦しむ人との関係を結び直したのです。だから、身分の上下を問わず、多くの人びとに受けいれられたのだろうと思います。敬意には相互性があります。釈尊がどのような人にも分け隔てなく敬意を持って向き合われたことで、釈尊は多くの人から敬意を払われる存在になったのだと思います。

釈尊が亡くなられてから二千五百年ほど経った時代を生きる私たちは、依然として地位や立場、貧富、民族、宗教、性別、才能など、あらゆることで格付けされて評価される仕組みの中で生きています。私たち日本人は、初対面の人に会ったとき、相手の名前の他に知りたいのは、年齢と社会的地位です。なぜ年齢や社会的地位を知りたいかといえば、話し方とか接し方、たとえば呼び方一つをとっても「さん」をつけるか「君」づけでもいいかなど、配慮しなければならないからです。日本だけではなく、どんな国や民族の中にも、社会秩序を維持していくための上下関係に基づくルールやしきたりはあります。それは当然のことですし、その枠組みの外に出ることは至難です。ですから、私たちは釈尊と同じになることは簡単にはできません。だからこそ、相手がどういう人であろうと同じように敬意を払われた釈尊の教えの原則が、今日でも大きな意味を持つのです。私たちが釈尊のようになる必要はありません。私たちが見習うべきなのは、釈尊に出あった人たちの方です。釈尊から「あなたがどんな身分であれ、どんな立場であれ、私にとってあなたは一人の人間として尊い存在である」ということを教えてもらうのです。それと同時に、自分以外の人たちもまた、釈尊から同じ態度で向き合われる存在であるということを教えてもらうのです。教えを聞いても、私たちは往々にして自分のことにしか目が向かないことがあります。だから、この他の人たちもまた、釈尊から自分と同じように無条件で敬意を払われる人たちであるという視点が重要です。自分だけが特別扱いされることはないのです。

仏教に出あったことで、私は、人間には多様な価値観があること、それを尊重し合うことが大切であること、あるいは存在そのものが尊いとか、あるがままで尊いということも、わかっているつもりでした。それでもなお人間の存在意義とか価値ということを、何ができるか、何をなしたか、何を持っているか、どういう地位にいるかなどを尺度にするという思いが根強くあった、自分自身に気づかされました。

「釈尊はなぜ餓死しなかったのか」という問いに出あえたことで、自分が人間の価値とか存在意義ということについて、とても狭い視野しか持っていなかったことを思い知らされました。私はずっと、相手の能力や精神が立派であることを認めることで尊敬の念や敬意が生ずるという観念にとらわれており、それが当然だと思っていました。そして、それにとらわれていることにさえ気づいていませんでした。しかし、その考え方では説明ができない事実を福祉の現場で見たことを通して、釈尊が尊敬されたことについても、それまでとは違った視点で見ることができるようになりました。

現代を生きる私たちは、釈尊に直接出あうことはできません。また現実の社会に、釈尊のように、すべての人に平等に敬意を払うことができる人も存在しません。

私たちは、有能でありたい、正しくありたい、優れたものでありたい、豊かでありたいなど、さまざまな願望を持って生きています。その願望が描く理想が価値観の基準となって、自分自身を評価し、また他者をも評価するわけです。そしてその基準に基づいて自らを高めることで、他者から評価されたいと思うのです。

人には能力や社会的な地位、あるいは成し遂げたことなど、さまざまな差異がありますが、釈尊は、そういう差異を基準として人を判断しなかったのです。しかし、ただ単に「皆同じ人間だ」というような、平板な平等を説いたわけではありません。違いが存在することを認めたうえで、すべての人に平等に向き合われたのです。釈尊の前では、その違いが特別な意味を持たない。能力や属性や地位や立場に違いがあったとしても、そのような差異によって人間の尊厳性は左右されないのです。釈尊に出あった人びとには、そのことが伝わっていったのではないかと思います。そういう人たちによって、釈尊とそのお弟子たちの生活が支えられていたのです。

今日、私たちが生きる世の中は、目まぐるしく移り変わっています。その動きについていくには、常に進歩と向上が求められます。才能が豊かで能力の高い者が評価され、うまく才能を発揮できない者や才能がないと見なされた者は評価されません。そういう世の中に順応できなくて、立ち止まったり後を振り返ったりする者は取り残されていきます。

ところが、今日まで伝えられている釈尊の逸話から浮かび上がるのは、能力や才能によって人を評価する態度でも、進歩や向上を求める姿でもありません。相手の才能や能力を尊重しながらも、それによって人を評価するのではなく、あくまでもひとりの人間として、目の前の人に向き合う。現在のあり方を否定するのでも肯定するのでもなく、それを事実として認めて敬意を払う。人間の尊厳性とは、そういうところに見出されるのだということを、釈尊から教えられているように思います。仏教にはもっと奥深く難しい問題があるとおっしゃる人がおられるかもしれませんが、実は、こういう単純さの中にこそ大切なことがあるのではないかと思います。

無価値の価値

称名念仏というのは、さまざまな仏教の修行方法の中では、最も単純で易しい行の一つです。しかし、仏を念ずるという行といっても、その内容には、観想念仏や観念念仏さらには実相念仏など、いろいろなやり方が考えられています。あるいは大乗仏教においては、菩薩の修道徳目として六波羅蜜といわれる布施・持戒・忍辱・精進・禅定・智慧の六つがあります。普通に考えたら、これらの行は明らかに称名念仏より難度が高く、修行としてもより勝れているとされます。ですから、誰もが、可能ならばそれらのより高度な行をする方がよいと思うわけです。努力も精神集中もほとんど必要としない称名念仏は、それらに比べたら意味も価値も効果もほとんど期待できないと、普通は思われます。その称名念仏のみに徹することを最も大切にする教えである浄土教は、それまでの常識的な発想を完全に覆（くつがえ）したところに最大の意義があるのです。仏教思想史において革命的な発想の転換であると言っても言い過ぎではありません。

　真宗の教えを聞くと、誰もが「信心を得たい」と思うようになります。私自身も、当初は「獲信（ぎゃくしん）こそが真宗門徒にとって最重要課題である。信心がなければ往生できないのだから、ただの称名念仏は無意味である」と考え、強烈に「信心が欲しい」と思っていました。「何かを欲しい」という思いは執着という煩悩以外の何ものでもありません。価値や意味に縛られることから生じる苦悩から自由になりたいと思って仏教を聞き始めたはずなのに、求める対象が信心に替わっただけで、また同じことを繰り返していたのです。

　私たちが「欲しい」と思うのは、それに価値や意味や効果があると期待するからです。称名念仏には何の価値も意味も効果もなく、信心がともなった念仏であってこそ意味が生じるのだ、という思いにとらわれていたのです。価値や意味や効果への期待こそが、私たちの欲求の対象になるのであり、それを得られないことによって苦悩が生ずる。まさに「求不得苦（ぐふとくく）」、すなわち求めて得られない苦しみです。ここに、宗教に意味や価値を求める者においても避けることができない落とし穴があります。

真如実相とか第一義諦などという語は、「いつでもどこでも誰にでも当てはまる」という普遍妥当性を表そうとする概念ですが、それらの語をどれほど並べられようと、どれほど上手に解説してもらおうと、それらがどういうことであるかということは、結局はわからないのです。浄土教は、最も簡潔明瞭にして、なおかつ外形的に確認しやすい形式である称名念仏をみんなに与えるという方法論に、普遍妥当性を見出したのです。つまり称名念仏する者は、阿弥陀如来によって平等に処遇されるのです。その処遇には、貧富・年齢差・男女・身分の高下・才能の有無・経験の浅深・生き方の善悪、その他あらゆる個人の属性は一切問われることはありません。求められるのはただ、「南無阿弥陀仏」とその名を称えることだけです。この形ならば、言葉を覚え始めた幼児でもその中に加わることができるのです。称名する者自身は平等とか普遍性という概念を、理解する必要さえないのです。明確な形式が行為として与えられたことによって、その精神を簡単に共有することができるようになったのです。一人ひとりの属性の差異に関係なく、また念仏についての深い理解や信じ方が問われることもなく、簡単な形式によって平等であることが確保されるのです。私はそれを、形式普遍性と呼びたいと思います。

簡単に浅く称えるだけで充分であると言い切るところにこそ、深い意義があるのです。

ところが私たちは、浅く簡単なことは大したものではないとする価値観に、どっぷりと浸っていますから、ただ称名念仏だけでいいと言われても、「うんそうだ」とうなずけません。やはり何か行としての価値や意味、あるいは信心や自覚などの内面的な深さや意義を見出したいという思いを拭い切れません。それは人間を能力や才能や地位や貧富の差で評価するのと同じ発想であり、宗教的領域に階層制を生み出します。

複雑で難解なことを理解したり達成したりするためには、能力や特別な努力や経験が必要とされます。仮に理解できたとしても、多くの人には伝わりにくいものにならざるを得ません。その結果、それを理解し得たごく少数の人たちの占有物のようになってしまいます。宗教的な領域にも、そのような階層的な格差が生じてしまうのです。

形式普遍性とは、意義や価値や深さとは最も遠いところに位置づけられる、「単なる称名」を一律に尊重することによって成り立ちます。それが「単なる称名」であるということが重要なのです。なぜなら、それ自体が欲求の対象にならないからです。真宗の教えを聞いて「信心が欲しい」と思う人はたくさんいますが、「称名念仏がしたい」と欲求する人はまずいません。つまり、信心は欲求という煩悩を触発し苦悩を生み出すことがあるけれども、称名念仏にはそれがほとんどないのです。無価値の価値です。奥が深そうに聞こえるところに深い思想があるのではなく、「単なる称名」という簡単で浅い方法が選ばれたことに着目したところに、善導や法然の深い智慧があるのです。三願転入が、伝統的に、団子のように並んだ三つの領域を順に進んでいくというように理解されてきたと言いましたが、それによって、本願念仏の教えに出あった人びとの中にも、信心の深まりによって階層的な格差があるという観念を生み出しました。しかし三願転入とは、そのような階層的格差が生じる発想を乗り越える原理を提起しているのではないかと思います。

第十九願は、目的を達成したいという人間の向上心に訴える願ですが、しかしそれは世俗的な欲求充足のためではなく、宗教的な欲求を達成するために努力精進するようになることを願っているのです。それがそのまま行われていくと、どうしても努力の質や量の差、あるいは達成度合いの差を意識するようになり、そこに階層的な格差が生じざるを得ません。

第二十願は、そのような努力精進の結果として生じる格差が無意味であることに気づき、本願念仏の教えによってしか救われないということに目覚めることを願う内容になります。しかしこの願はあくまでも途中の段階であり、いずれはそこを出て第十八願の領域に入っていかなければならないとされてきました。そして第二十願を出るか出ないかは、信心が真であるか仮・偽であるかによって判定されると考えられてきました。しかし、信心が真であるか仮・偽であるかは、結局、如来と本人にしかわからない基準で決めてしまうことにしか成り得ません。

「その人の信心が本物か偽物かは、少し話してみればわかる」と、自信満々におっしゃる人に出あったことがあります。一人や二人ではありません。それはその人たちがそう思っているのですから、それについてとやかく申し上げるつもりはありませんが、第三者にもわかる明白な形式性がない以上、宗教的体験を経て第二十願の領域に入り、自分は「信心を得た」と認識することも、個人の経験の範囲にとどまる出来事なのです。すなわち「信心を得た」という自己満足です。そのような自己満足的な確信を得ると、同様の体験をして共感できる者たちで集団を作ることがあります。そしてそのような体験をしていない者は、自分もその仲間に入りたいと切に思うのです。経験者と未経験者との間には、見えざる壁ができます。そのような閉鎖性が生じる問題性を、疑城・胎宮と名づけたのです。このような壁は「信心を得た」と思える人とその支持者たちが生み出すのであって、「信心を得た」と思えない人ばかりが何人集まっても、閉鎖的な集団を生み出すことはありません。

先ほど言った形式普遍性においても、称名念仏する者によって他者とは区別される特定の集団が生まれます。そのことを閉鎖的だと指摘する人もいます。しかし、形式普遍性によって生じる集団は、信心の有無によって閉鎖性が生じる集団とは、次の点で決定的に違います。

一つは、形式普遍性を共有する集団には、称名念仏という当事者にも第三者にも明確に判断できる外形的指標があることです。そしてもう一つは、そこに入りたいと思う者は、自らも「ただ称名念仏」するだけでその仲間になれるということです。幼児のように、本人にその意思や自覚がなかったとしても、第三者からはほぼ自動的にその仲間と見なされることになります。この特性を有する集団を閉鎖的というべきなのか開放的というべきなのかは、一人ひとりの考えに委ねるしかありませんが、私は、これほどの開放的な宗教的集団は他に類を見ないと思います。

誰にでも明確にわかる指標や形式に基づいて、平等性が侵害されないように担保されるというのが、形式普遍性の眼目です。これによって個性・特質・経験など個々人の属性の差異が無意味化されるという考え方が、簡単に共有できるのです。浄土教ではそれを、「念仏の衆生を摂取して捨てず」という願いとして表しているのです。つまり、声に出して称名念仏するという、誰にでも明らかにわかる指標によって、弥陀の本願の救済の対象であることが必要かつ充分に満たされるのです。称名念仏によって、すべての念仏者が往生人として同等に敬意の対象となり、それ以外の要素が加味されることはありません。この一切の前提条件を抜きにして成立する形式普遍性の前では、個々の属性としてある差異が捨象（しゃしょう）されて、同じ形式を満たすすべての者に同一の結果が約束されるのです。こういう原理と根拠を願いとして表しているのが第十八願なのです。

本願の大海に浮かぶ

私が学んできた従来の理解の仕方によれば、第二十願の念仏には疑心や自力が残っているとされたり、「空念仏（からねんぶつ）」などと言われることもありました。そのような状態から出て、第十八願に根差した他力の念仏にならなければ本物ではないとされました。しかし「念仏の衆生を摂取して捨てず」という誓願を文字通り忠実に理解するならば、空念仏だろうが本物の念仏だろうが、私たちの評価や判定とは無関係に、摂取不捨の利益にあずかることになる、と考えなければならないはずです。

以前出した本で、善導の三心釈の引文が「信巻（しんのまき）」と「化身土巻（けしんどのまき）」に分けて引かれていることに注目して、第十八願・第十九願・第二十願がどのような引き方になっているかを図（図2）にしたことがあります（『親鸞の教行信証を読み解くⅣ』一七三頁）。

この図では、第十九願は、第十八願とは一部が重なりますが、第二十願とはほとんど重

【図２】

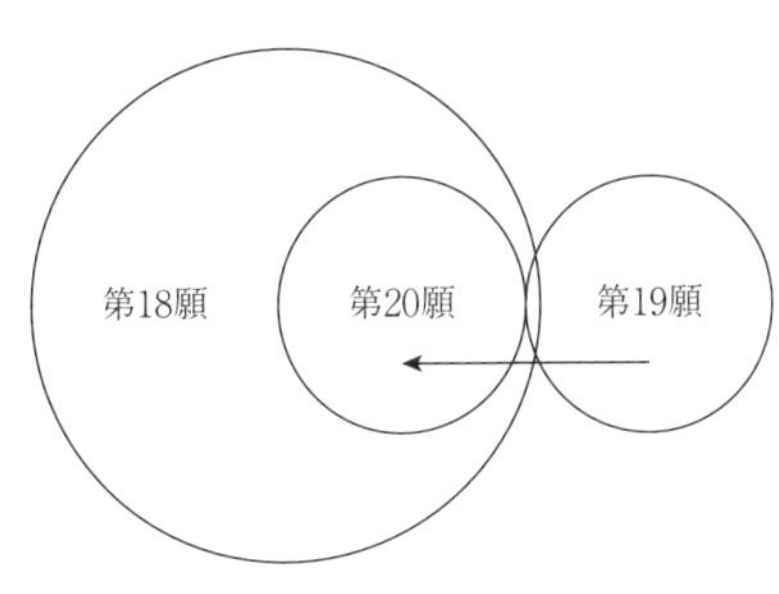

なりません。また第二十願は第十八願の領域に包括されています。

これは引文の引き方を検討したところから作った図ですが、今あらためてこれを見ますと、三願転入もこの図式の関係で領解することができるのではないかと思います。

第十九願の成就について、親鸞は、

> この願成就の文は、すなわち三輩の文これなり。
> （「化身土巻」聖典三二七頁）

とおさえています。その三輩の文には、

> 三輩の業、浅深ありといえども、しかるに通じてみな「一向専念無量寿仏」と云えり。（「行巻」聖典一八八頁）

とあり、「一向に無量寿仏を専念する」ことが共通して含まれると源信が指摘しています。第十九願の領域にいるときでも、諸行と併せて称名念仏をすることが三輩に共通する行として含まれます。その部分が第十八願と重なるわけです。ですから第二十願との違いは、念仏以外の行をするかしないかという点にあります。

第二十願と第十八願は、どちらも称名念仏に専念する点は共通しています。違いとされてきたのは「念仏の功徳を往生のために振り向けようと（回向）する」かしないかです。つまりこれまでは、浄土に往生するために念仏に励むことを、自力が払拭されていない念仏であるとして、第十八願の他力の念仏とは区別する必要があると考えられていたのです。しかし先ほど述べましたように宗教的体験の前の念仏と後の念仏には外形的な違いはありません。念仏そのものに違いがあるのではなく、信前・信後の念仏を峻別せずにはいられないという意識が、その違いを作り出しているのです。「なむあみだぶつ」と称名念仏することには何の違いもないにもかかわらず、宗教的体験の有無によって、そこに違いがあるとされる。その差異を設定する意識こそが、法悦の満足感を共有できる者たちに限定された閉鎖性を生み出すのです。そのことを胎宮に生まれるというのです。

先ほど、第十九願には宗教的感覚として一人称の否定感があり、宗教的体験によってそれが一人称の肯定感に変わると言いました。この宗教的体験を、私たちは第十八願の領域に入ったと考えるわけで、誰もそれで第二十願に入ったとは考えません。つまり第二十願に入ったという意識を持つことはないのです。しかし、本物感覚があるわけですから、自分たちと同じだとは認めたくない念仏者を見ると批判したくなります。そのときに第二十

極難信の法から問われる信（流れ３）

【図３】

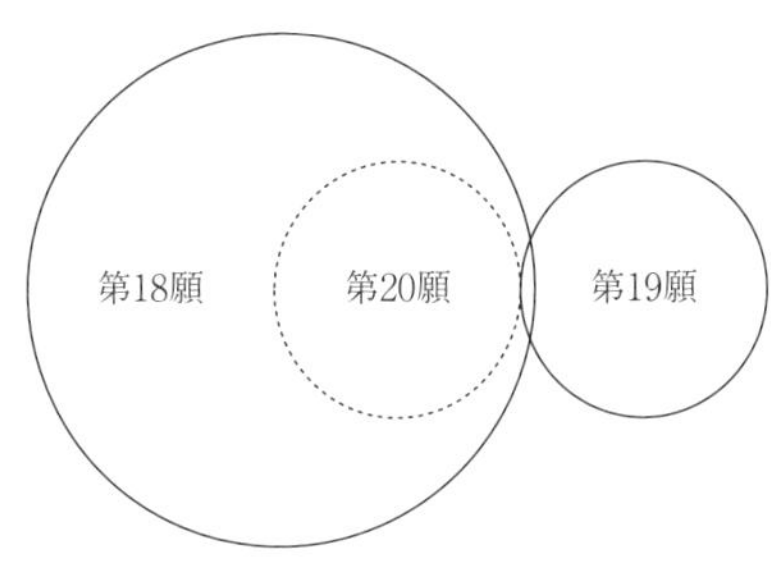

願を持ち出して、半自力・半他力の念仏とか空念仏であるとして、二人称や三人称の否定をするのです。これでおわかりになるかと思いますが、この信前・信後の念仏を峻別する意識が、（図２）の第二十願を包んでいる円の正体なのです。

胎宮というのも、実態的に壁があるわけではありません。それはいわば、自らの立場を本物とし、他者はそうではないと峻別する意識が生み出す壁に他なりません。そのような自己意識から、自分の意志だけで出ることは原理的に不可能です。それは自分の身体を自分の力で空中に持ち上げようとするようなものです。ですから他者との出あいを通して、自分自身が作っている壁に執着しているということに気がついて、その意識が融けていくのを待つしかありません。その意識が融けるには、ある程度の時間の経過が必要かもしれませんが、（図３）のように、分け隔てる意識が薄らいでいき、やがて第二十願を取り囲む円が消えると、第二十願と第十八願との区別がなくなります。

自らの意識が作り出した胎宮というカプセルに閉じこもったまま、願海という大海に浮かんで満足していた。その姿は、春秋を識らずに、自分こそが夏を知っていると思っているセミそのものではないか。また、空を悟ったと思ったが故に空に沈んでいる姿ではないか。そのカプセルが融けてなくなることで、身ひとつで広大な願海に浮かぶことになる。夏を知っているつもりのセミが、実は自分が夏を知らないということに気がつくとき、自らの愚かさ、傲慢さに気がつくのです。そしてそのとき、無数の念仏者が、同じように願海に浮かぶ存在であることに気がつくのです。そこでは年齢も性別も、能力や地位も、善人か悪人かという経歴も、何があったかなかったかという経験も、一切問題にされることはありません。なんとおおらかで広びろとした風景でしょう。

私たちのまわりにたくさんの念仏者がいてくださるという事実は、名号を衆生に与えようとする如来からの回向が現れている相（すがた）であり、そこで回向される名号を聞いて、自らも名を称する念仏者となることが願われているのが第十八願です。この本願のはたらきとは無関係に、人が念仏申すことはあり得ません。年端もいかない幼児であっても同じことです。ですから、念仏申す姿がそのまま如来の本願に出あっている事実を表しており、それはまた、菩提心が発現し仏道を歩む存在となることを意味するのです。その菩提心に敬意を払うのです。そこには進歩も向上も求められません。名号を称する念仏者が、他の念仏者に対して往生人として同じように敬意を払うのです。このようにして、お互いに敬意を払う関係が成立するところに、釈尊が身をもって示された無条件の敬意の精神が受け継がれているのです。

おわりに

これで三願転入のところまでについて、いくつかの課題が、巻を越えて縦につながる流れとして『教行信証』の構成を把握し、特に注目すべき問題に焦点を当てて見てきました。『教行信証』はこの後、「教誡」という語をキーワードとした確かめが続き、最後にいわゆる「後序」が置かれて結ばれていきます。このあたりの問題については、すでに『親鸞の教行信証を読み解くV』、あるいは『親鸞の仏教と宗教弾圧』において、考えをまとめて発表しました。今の段階では、それ以上の新たな展開や視点が得られておりませんので、今回はそれらの問題には立ち入らないようにしたいと思います。

六十歳という、一つの節目とされる年齢を目前にして、『教行信証』の講義をするようにとの依頼を三か所からいただき、どのような形でそれを受けとめればいいのか決めかねていました。ちょうどそこへ、共に学んできた方たちの発意によって、このような場を設けていただき、これまで学び考えてきたことを俯瞰的に見渡して整理し、さらに自分に与えられている時間の中で、いかにして『教行信証』と向き合っていくかを展望する機会をいただくことができました。本当に有り難く思います。有り難うございました。

あとがき

本書は、二〇一四年十二月十八日真宗大谷派京都教務所において行った　還暦記念の講演の記録をもとに大幅に加筆したものです。その演題であった「教行信証大河流覧」をそのまま本書の題名にしました。

「大河流覧」の「大河」には二つの思いがあります。一つは、『教行信証』の内容を、課題の展開を大きな河の流れに見立てて、全体の構造を把握するという視点です。もう一つは浄土教が成立して今日に至るまでの仏教思想史的な視点です。これは浄土教が単に仏教の一つの領域ではなく、浄土教こそが、仏教そのものをトータルに見据えているということを、法然や親鸞が、仏教の思想史の大きな流れとして見ているということです。

二十年前に、明石書店から『親鸞の教行信証を読み解く』（全五巻）を刊行したことで、各地から『教行信証』の講義のご依頼をいただくようになりました。定期的な講義も数多くある中で、いつも次の講義について考えることに追われ、全体的なことをゆっくりと考えることはほとんどできませんでした。そのような中で、思いがけず還暦記念の講演をするようにとのご要望をいただきました。

ほぼ同じ頃に、三か所から『教行信証』を最初から最後まで講義して欲しいというご相談を受けました。当時すでに定期的な講義を三か所でやっていたこともありますが、その他に、これらのご依頼に対しては、二つの理由で躊躇（ためらい）がありました。一つは、同じ時期に最初から講義を始めれば、進度も内容もほぼ似通ったものにならざるを得ません。間を置かずに同じような講義をさらに三度ずつやっていくのはしんどいし面白くないということです。

もう一つは、終わるのはいつ頃になるだろうかということです。仮に、一つの会場を選んで講義するとしても、やる以上はいいかげんな講義にはしたくありませんから、相当な年月を要します。終わる頃には八十歳を超え、場合によっては九十歳ちかくなっているかも知れないと思いました。単に寿命のことだけではなく、きちんとした講義ができるだけの体力と知力と精神力がどのぐらい維持できるかも気になりました。ところが、ご依頼くださった皆さんが大変熱心であったので、無下にお断りするわけにもいきませんでした。また、私の心の中には、その時点で考えていることを、存分に話してみたいという思いもありました。

考えた末に、三つの会場で並行して別々の講義をすることを思いつきました。そしてそれぞれの会で講義録を作成し、お互いに交換しあっていただくことで他の講義の内容を知ることができるようにしたらどうか、と三者に提案しました。全講義を記録していくという大変なご負担を負うことになるわけですから、それぞれの会の方々にも相当な覚悟が必要であったと思います。程なくして「やりましょう」と力強いお返事をいただきました。これらの三会場で講義するために考えた分割方法が還暦記念講演の骨子になりました。長年『教行信証』に向き合ってきた中から、大きな課題の流れがあることには気づいていましたし、その分岐点になる所もほぼ見当がついていました。三分割して並行して講義をする機会を得たことで、その考えを整理し図式化することができました。

こうして始まった三つの講義は、年三回ないし四回のペースで開催され、現在も続いています。三つの課題の流れにそって、平行して講義することで、新たな知見が得られることもありましたし、それまで見落としていた課題の関連性に気がついたこともあります。講演で触れなかったことを盛り込むのは講演録としては反則かもしれませんが、本書には講演後に得た知見を積極的に取り入れることにしました。ですから本書は単なる還暦記念講演の記録ではなく、その時のアイディアを元にした書き下ろし原稿になりました。そしてこれは、三十五年以上『教行信証』と向き合ってきた私の歩みの総決算の序章というべきものであると思います。

本書はかなり専門的な内容を含んでいますが、いわゆる専門書ではありません。むしろ、聞法会でいつも私の話に耳を傾けてくださっているご門徒の方、聞法を重ねながら疑問や煩悶が拭えないことに悩まれている方、またこれから『教行信証』に触れていきたいと思っている方、そして専門ではないけれども真宗の教えや『教行信証』に関心がある方、そのような方たちにこそ手にとっていただきたいと思っています。ですから煩雑になることを承知のうえで、読みにくい字にはできるだけ頻繁にルビを付し、また原文を参照しやすいようにできるだけ細かく出典の頁を入れるようにしました。

本書が出来上がるまでには、多くの方の後押しやご協力がありました。

事の発端になった還暦記念講演を思い立ってくださったのは、ずっと私の講義を聞いてくださっている能登の畠山浄さんと秋田県の結柴依子さんです。『親鸞の教行信証を読み解く』の講義を主催してくださった、京都の山内小夜子さんと久米悠子さんが、記念講演の企画と運営に参加してくださいました。

三か所から講義のご依頼をしてくださったのは、東京教区茨城一組・二組の皆さん、四国の三谷一司さんと四国教区の有志の方々、そして高田教区の豊島信さんをはじめとする学習会の皆さんです。この方々の熱意と意欲に背中を押されて重い腰をあげることができました。この二つの大きなうながしと後押しがなければ、本書が生まれることはありませんでした。

記念講演の文字起こしをしてくださったのは竹中慈祥さんです。わずか数日のうちに原稿が送られてきて驚きました。

最終的な原稿作成に当たっては、毎月輪読会をしている聞響(もんこう)学場のメンバーが原稿の読み合わせに協力してくださいました。表現や内容について意見交換しながら検討を重ねていくという大変な作業で、結果的に一年以上かかりましたが、皆さん粘り強くおつきあいくださいました。このようなやり方で出版原稿を作成したのは初めてのことですが、とても意義深く有り難い経験を共有できたと思います。

校正と校閲には、山形県の藤田俊光さんをはじめとして、金沢市の番匠康好さんと矢田充さん、そして福井県の藤共生さんが、お忙しい中から時間を割いてくださいました。単に校正と校閲にとどまらず、読者の視点からの貴重な意見や指摘をいただくことができました。

出版に当たって、法藏館の戸城三千代さんにご相談したところ、快くお引き受けくださいました。編集と校閲には和田真雄さんが目を配ってくださいました。そして、この煩雑な書物の出版を担当してくださった方々には心より感謝申し上げます。

これらの皆さんのご協力なくしては、本書の刊行にこぎ着けることはできませんでした。この場を借りてお礼申し上げます。有り難うございました。

合　掌

「ナムアミダブツ」

二〇一九年九月一日

藤場俊基

巻末資料

【資料1】『教行信証』行改めの形状
【資料2】『教行信証』構造把握（基本）
【資料3】『教行信証』の三分割構成の概要図（大河の分岐）

【資料1】『教行信証』行改めの形状

（「行巻」聖典一九三頁）

（「信巻」①聖典二一二頁）

（「信巻」②聖典二三九頁）

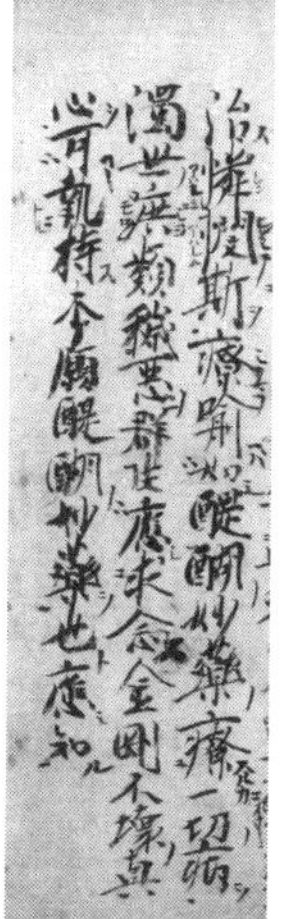
治之、憐憫斯療之。喩如醍醐妙藥療一切病。
濁世庶類穢惡群生、應求念金剛不壞真
心。可執持本願醍醐妙藥也。應知。

（「信巻」③聖典二七二頁）

（「証巻」聖典二八四頁）

（「化身土巻」①聖典三三一頁）

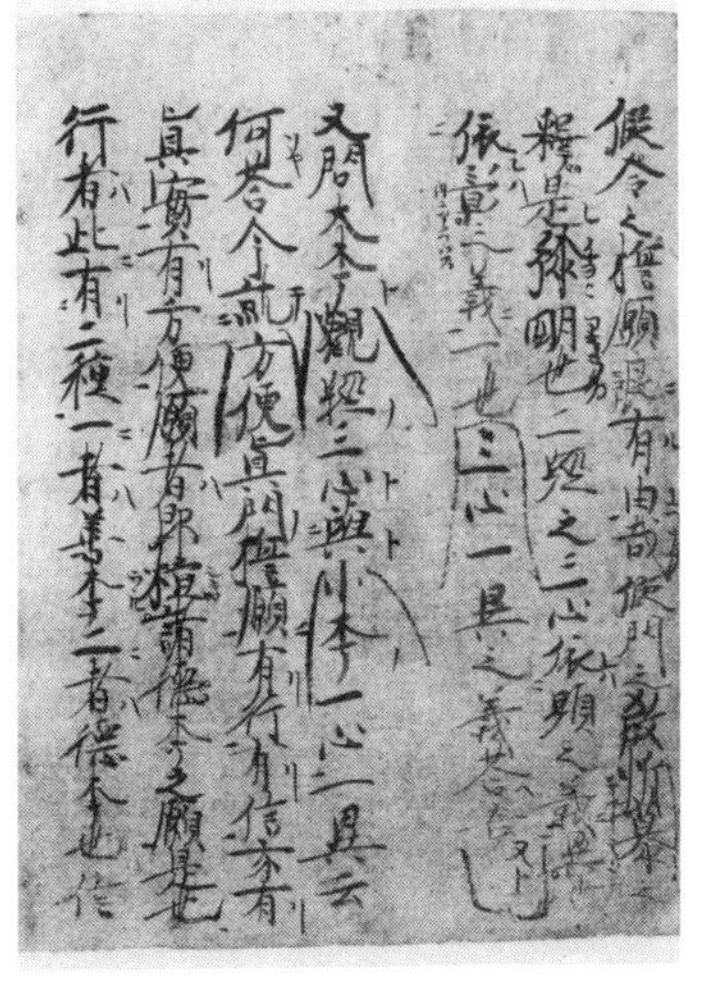

（「化身土巻」②聖典三四四頁）

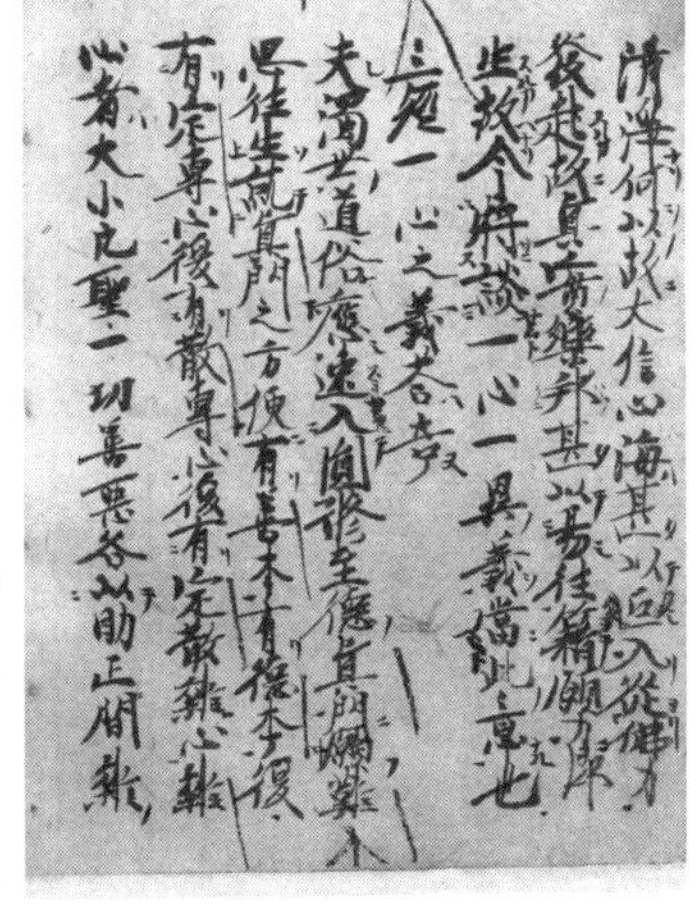

（「化身土巻」③聖典三四六頁）

（「化身土巻」④聖典三五八頁）

（「化身土巻」⑤聖典三六七頁）

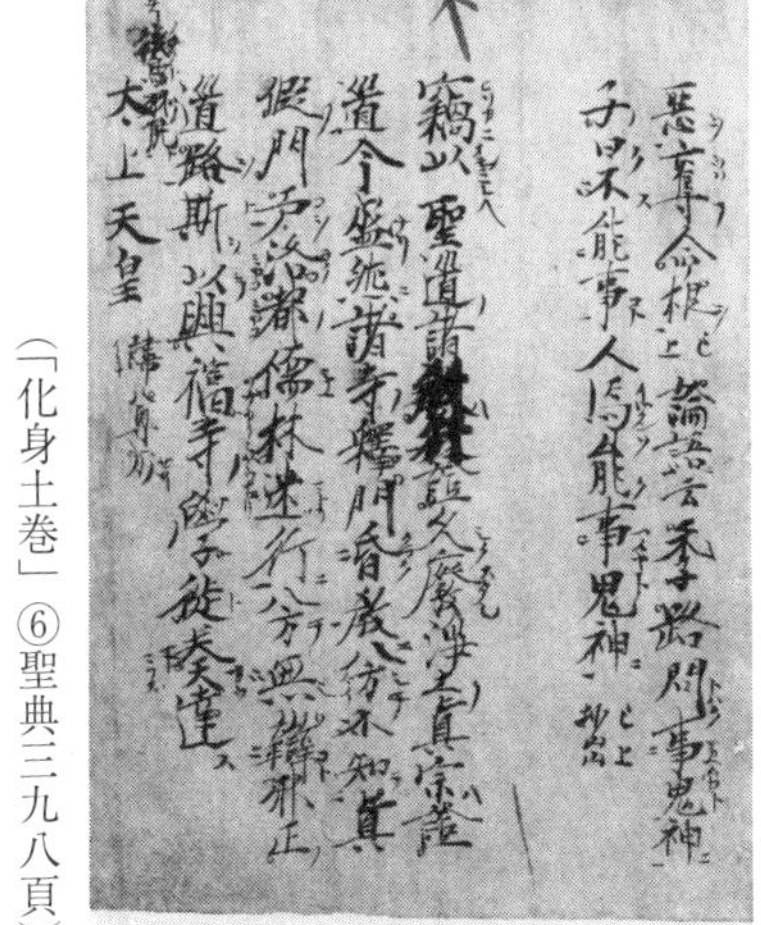

悪言奪人命根 論語云 季路問事鬼神 子曰 不能事人 焉能事鬼神 抄出

竊以 聖道諸教 行証久廃 浄土真宗 証道今盛 然諸寺釈門 昏教兮 不知真仮門戸 洛都儒林 迷行兮 無弁邪正道路 斯以 興福寺学徒 奏達 太上天皇 後鳥羽院 諱尊成

（「化身土巻」⑥聖典三九八頁）

【資料2】『教行信証』構造把握（基本）

巻	頁	区分	内容	行改
序	149		顕浄土真実教行証文類 序	
教巻	152	教A	謹案浄土真宗有二種回向 一者往相／二者還相 就往相回向　有真実教行信証	
	152	教B	夫 顕真実教者 則大無量寿経是也	
行巻	156	行A	17願：諸仏称名の願（諸仏称名） （三経・七祖・諸師）	
	193	行B	他力釈「速得成就阿耨多羅三藐三菩提」 （三願的証） 18願／11願／22願	行1（行改）
	203	行C	正信偈	
信巻	209	信A	18願：往相信心の願（衆生聞名）三心釈	
	223	信B	三一問答	信1（行改）
	239	信C	信一念・本願成就の相 浄土の大菩提心・不退転・真仏弟子・阿闍世の救い	信2（行改）
	272	信D	「唯除五逆誹謗正法」 八番問答・抑止門釈・五逆とは	信3（行改）
証巻	279	証A	11願：必至滅度の願 （往相回向の証）	
	284	証B	（22願）還相回向の願（還相回向の証） 利他教化地益・未証浄心菩薩施作仏事	証1（行改）
真仏	299		12・13願：「光明・寿命の願」 本願酬報の土（真実報土）	
化身土巻	325	化A	イ 19願：至心発願の願(観経)の意	
	331		ロ 問答1：大・観 三心一異	化1（行改）
	344	化B	イ 問答2：大観三心・小本一心 一異	化2（行改）
	346		ロ 20願：至心回向の願(小経)の意	化3（行改）
	358	化C	教誡1（邪偽異執の外教を教誡す）	化4（行改）
	367	化D	教誡2（外教邪偽の異執を教誡す）	化5（行改）
	398		（後序）	化6（行改）

※「〰〰」は真蹟本（坂東本）の「行改め」を指す。

※半角数字は真宗聖典の頁を指す。

【資料3】『教行信証』の三分割構成の概要図（大河の分岐）

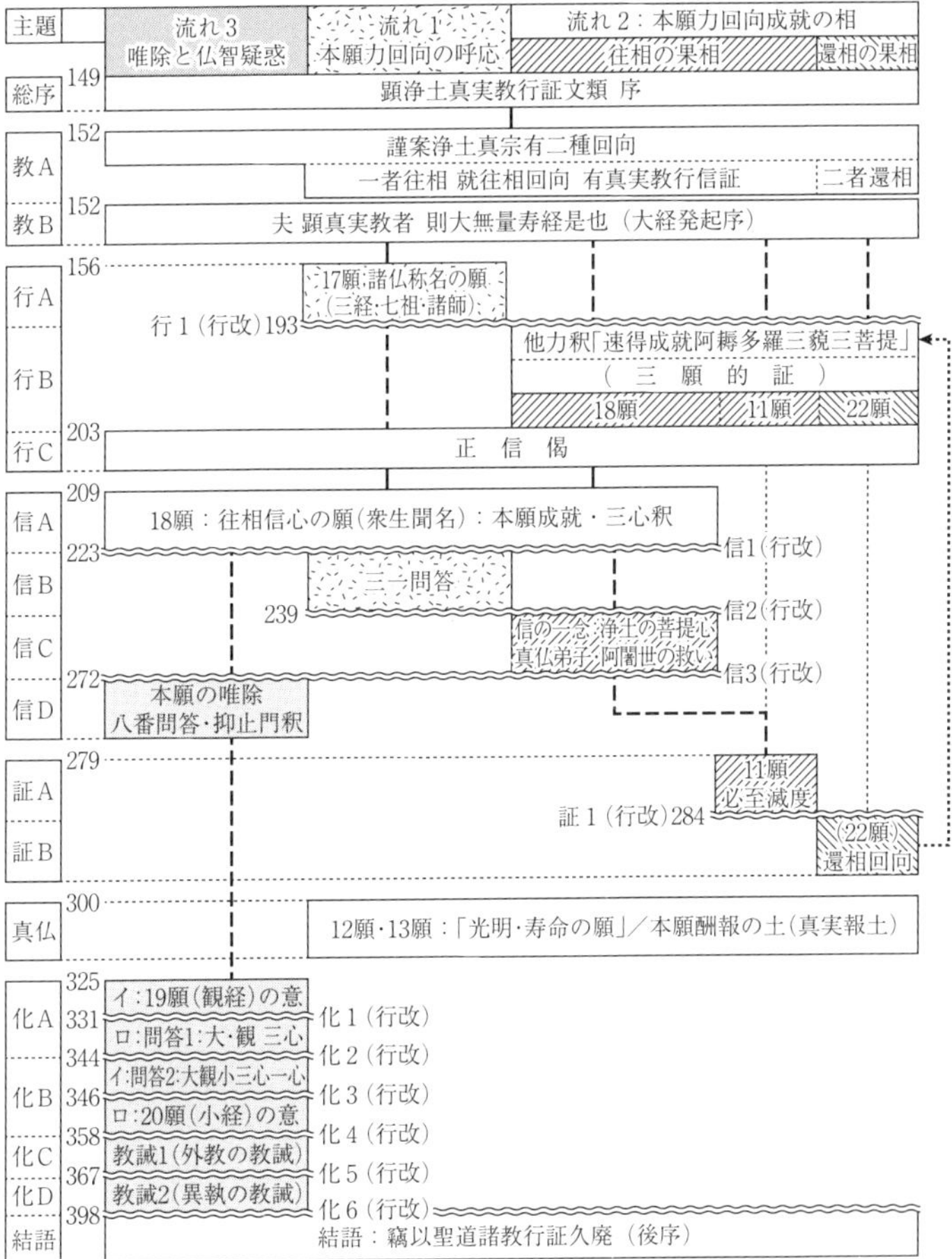

※「〰〰」は真蹟本（坂東本）の「行改め」を指す。
※半角数字は真宗聖典の頁を指す。

藤場俊基（ふじば　としき）

1954年石川県生まれ。早稲田大学政治経済学部卒業後、約５年間三和銀行勤務。大谷専修学院修了、大谷大学大学院博士課程（真宗学専攻）単位取得。
主な著書に『顕浄土方便化身土文類の研究――弁正論――』（文栄堂）、『親鸞の教行信証を読み解く　Ⅰ～Ⅴ』『親鸞の仏教と宗教弾圧』（明石書店）、『親鸞に聞く阿弥陀経の意』（樹心社）、『なぜ南無阿弥陀仏なのか』『南無阿弥陀仏の葬儀』『親鸞に聞く大無量寿経の意』『親鸞に聞く観無量寿経の意』『お寺は誰のものか』『往生浄土の道』『仏教とはどのような教えか』（サンガ伝道叢書）ほか。

教行信証（きょうぎょうしんしょう）　大河流覧（たいがりゅうらん）

二〇二〇年　一月一五日　初版第一刷発行

著　者　藤場俊基
発行者　西村明高
発行所　株式会社　法藏館
京都市下京区正面通烏丸東入
郵便番号　六〇〇-八一五三
電話　〇七五-三四三-〇〇三〇（編集）
〇七五-三四三-五六五六（営業）

装幀者　野田和浩
印刷・製本　中村印刷株式会社

ISBN 978-4-8318-7923-3 C1015